새로운 '-오-' 연구

전정례 지음

韓國文化社

차 례

머 릿 말

이 책은 많은 국어학자들에 의하여 열렬한 논쟁을 불러 일으키며 논의되었던 국어의 한 형태소, '-오-'에 대한 연구이다. 한 음절로 구성된 형태소 '-오-'에 바친 우리 국어학자들의 그 동안의 노력은 대단하였으며 이제는 소진하여 모두가 쉬어 가고 있는 느낌이다. '-오-'는 이렇듯 많은 연구가 이루어졌음에도 불구하고 아직도 그 실체를 드러내지 않고 있는 국어의 한 형태소이며, '-오-'의 형태론적 분석에서부터 통사론적 기능의 규명, 소멸에 이르기까지 다시 전면적인 새로운 연구가 이루어져야 한다.

한 언어 안에 존재하는 어떤 언어사실은 언어학자들에게 필연적으로 설명을 요구한다. 그러므로 '-오-'에 대한 만족할 만한 설명이 이루어질 때까지 우리의 '-오-'에 대한 논쟁은 계속되어야 하며 또한 반드시 계속될 것이다.

필자는 미국의 Georgetown University의 언어학과에서 석사과정을 밟으면서 Chomsky와 생성문법 이론에 접하게 되었으며 거기에서 언어 일반적인 통사이론에 관심을 가졌었다. 다시 서울대학교 언어학과에서 박사과정을 밟으면서 金芳漢 교수님의 언어 변화에 대한 일반 언어학적인 접근 방법에 대하여 관심을 갖게 되었다. 특히 선생님께서는 우리의 문법사 연구에서 아직 본격적인 연구가 이루어지지 않고 있는 국어의 통사변화에 대하여 연구해 볼 것을 간곡히 부탁하셨다. 이러한 선생님의 학문적인 요청은 나로 하여금 중세국어 자료를 통사변화의 관점에서 살펴 보게 한 강한 동기가 된 것이다.

중세국어 자료를 펼쳐 보면 오늘날에는 소멸해버린 형태소 '-오-'가 마치 이것 없이는 문장이 성립될 수 없을 만큼 무수히 나타나고 있다.

한 시대의 문장 구성에서 꼭 필요했던 어떤 형태소가 다른 시대의 문장 구성에는 필요 없게 되었다면 이것은 엄연한 통사변화의 한 현상이며 이는 설명을 필요로 하는 문법사항이다. 즉, 형태소 '-오-'는 어떠한 형태소적 환경에서 나타나며, 문장구성에서의 통사적 기능은 무엇이며, 왜 소멸하였는가? 그리고 그것의 소멸은 국어의 통사구조에 어떠한 변화를 가져 왔는가? 이러한 근본적인 물음은 매우 집요하게 나를 따라 다녔으며, 나는 비밀의 열쇠를 찾는 마음으로 이의 연구에 몰입하게 되었다. 그리하여 나는 박사학위 논문의 주제를 '-오-'로 정함으로써 해묵은 '-오-'의 논쟁에 끼어든 셈이 되어버린 것이다.

여기 지금 내놓는 이 연구보고서는 그 많고 많은 중세국어 자료들을 분석하고 분석하여 내가 찾은 하나의 진실이다. 과거에, 새로운 문법이론(특히 생성문법)에 의하여 쓰여진 글은 잘 읽어 보지도 않고 평가절하해 버리는 아주 보수적인 학문적인 토양이 우리 국어학계에 있었음을 안다. 특히 중세국어 문법을 기술할 때에는 이러한 새로운 문법이론이 도입조차 된 적이 없다. 그러나 중세국어도 일반언어의 특성을 갖춘 하나의 언어이다. 그러므로 이러한 언어를 분석할 때에 발달된 현대 언어학 이론을 적용하는 것은 당연하고 바람직스러운 일이다. 이제 우리는 국어 문법사 연구에도 생성문법 이론과 일반언어학 이론을 충분히 수용하면서 보다 좋은 학문적 토양을 이루어 나가야 할 것이다.

학위논문을 쓴 지 몇 해가 지난 후에야 이 책을 내 놓게 된 것은 나 나름대로는 보다 더 좋은 내용의 책을 내놓고 싶어서였다. 그러나 별로 많은 보충작업을 하지 못하고 시간만 날려 보낸 아쉬움이 있다. 하지만 우리 인간에게는 '다음'이라는 아주 희망적이고 위안이 되는 단어가 있다.

이제 이 책의 발간을 앞에 두고보니 감회가 새롭다. 투병 중에도 한 時도 학문의 길을 게을리 하지 않으시고 정결한 모습을 보여 주고 계시는 金芳漢 교수님과, 이 글의 심사를 맡으시면서 격앙된 논쟁까지도

마다하지 않으시면서 철저히 학문하는 사람의 자세와 학문에 대한 열정을 가르쳐 주신 서울대학교 국어국문학과의 高永根 교수님께 특별한 감사를 드린다. 또 직접 뵙지는 못했지만 고려대학교에 봉직하셨던 李仁模 교수님의 선구적인 학문적 업적에 경의를 표한다. '-오-'에 대한 연구사 부분 자료를 수집하다가 李 교수님의 연구(1975)에서 '-오-'의 통사적 기능을 필자와 같은 관점에서 기술하고 있음을 발견했던 것이다. 그러나 아무도 거기에 주의를 기울이지 않았던 것이다. 그리고 방대한 중세국어 자료의 컴퓨터 작업을 손수 도와 주고 항상 많은 양보와 이해로 나의 학문의 길을 독려해주는 나의 가장 좋은 친구인 남편에게 늘 감사한다.

그리고 '손주같은 아들을 보리라'는 점쟁이의 말만 믿고 늦으막에 낳은 서운한 이 다섯째 딸을 애지중지 키워 주셨고, 미국에 공부하러 가 있어 임종도 지켜보지 못한 불효한 이 막내딸을 지금도 침묵의 애정으로 지켜주고 계시는 나의 가장 사랑하는 어머님의 靈前에 이 책을 삼가 올립니다.

1995년 9월 10일
일감호 옆의 연구실에서
지은이 씀

제1장 개 관

언어는 오랜 시간을 통하여 변화한다. 음운, 형태, 통사, 의미 등의 모든 층위에 걸쳐 변화가 일어나는 것이다. 이러한 역사적 사실에 대하여, 언어변화가 '왜' 그리고 '어떻게' 일어나는가에 대한 설명을 해내는 것이 역사언어학의 목표이다. 본 연구는 15세기국어에서는 매우 활발한 용례를 보인 것으로 확인되는 한 형태소 '-오-'가 소멸되어 가는 과정을 역사언어학적 방법론에 입각하여 설명해 보려는 것이다. 형태소의 소멸동기, 소멸의 시작과 확산되어 가는 과정, 소멸의 결과 초래되는 통사변화 등을 통사적 기능의 변화라는 측면에서 살펴 봄으로써 국어의 통사변화에 대한 한 고찰이 될 것이다.

통사변화에 대한 연구는 음운변화나 형태변화의 연구에 비하여 그 발달이 늦은 것이 언어 일반적인 현상인데, 국어사 연구에 있어서도 통사론에 대한 연구는 아직 본격적으로 이루어지지 않고 있는 실정이다. 통사변화 연구가 부진한 이유 중의 하나는, Pilch(1984:384)에서 지적되고 있듯이, 모든 언어의 基底에 단 하나의 통사체계가 존재한다고 생각함으로써 그 변화를 인식하기가 매우 어렵다는 점이다.[1] 국어사 연구에 있어서도 15세기의 국어에서 현대국어에 이르기까지 국어에 어떤 同一한 통사체계가 존재한다는 생각이 통사변화에 대하여 주의를 기울이지 않는 한 원인이 될 수 있다. 그러나 언어의 변화에는 통사변화가 포함되는 것으로 이에 대한 연구가 이루어져야만 국어사 연구는 균형있는 발달을 할 수 있을 것이며, 아직은 새로운 연구분야인 통사변화에 대한 관심이 요망되는 바이다.

---

1) 통사변화의 연구 부진의 원인에 대하여는 金芳漢(1988:165-6) 참조.

중세국어의 명사구내포문은 동명사형어미 '-ㅁ', '-ㄴ', '-ㄹ'에 의
하여 구성되는데, 이러한 구성에 현대국어와는 달리 선어말어미 '-오
-'가 항상 나타나 이의 통사적 기능의 규명이 문제가 된다. 본 연구는
'-오-'가 동명사형어미 '-ㅁ', '-ㄴ', '-ㄹ' 앞에만 나타난다는 형태론
적 사실과, 명사구내포문에 필수적으로 나타난다는 통사론적 사실을
근거로 '-오-'를 중세국어의 명사구내포문을 구성하는 표지인 내포선
어말어미로 규정함으로써 '-오-'의 독자적인 통사적 기능을 인정한다.

'-오-'의 기능규명을 위하여 우선 '-오-' 형태소의 분포를 철저히 밝
혀 이의 기준을 동명사형 어미 '-ㅁ', '-ㄴ', '-ㄹ' 앞이라는 것을 제시하
고,(2.2.2) '-오-'의 통사론적 기능의 구명을 위하여 중세국어에서 명
사구내포문을 구성하는 명사화구성, 관형화구성, 인용문구성 등을 자료
를 통하여 분석하여 이러한 구성에 '-오-'의 출현이 필수적임을 확인
하여 '-오-'를 명사구내포문을 구성하는 선어말어미라는 것을 제시한
다.(3.2) '-ㅁ', '-ㄴ', '-ㄹ'에 의한 구성이더라도 명사구내포문을 구성
하지 않으면 '-오-'가 先接되지 않는다는 사실도 확인해 본다. 즉, 중세국
어에서 동명사형어미 '-ㅁ', '-ㄴ', '-ㄹ'은 명사형, 관형사형어미로만 기
능하고 내포문을 구성하는 기능은 이들 어미에 선행하는 先語末語尾 '-오
-'에 있었으며, '-오-'가 소멸하면서 그 기능을 '-ㅁ', '-ㄴ', '-ㄹ'에 넘
겨 주었을 가능성을 중세국어의 자료를 통하여 논증하게 될 것이다.

본 연구는 통사론적 접근을 하여, 형태소 '-오-'의 기능을 '-오-'가
통사구성에서 갖는 통사적 기능에 의하여 규명하며 '-오-'의 소멸 동
기도 통사적 기능의 변화라는 측면에서 고찰하며 소멸이 확산되어 완
성되는 과정도 이러한 기능의 관점에서 살펴 볼 것이다.

15세기국어의 의존명사구문에서 보이는 '-오-' 출현의 불규칙성은 '-오-'
의 기능 규명과 관련하여 설명해 내야 할 언어사실이다. 본 연구에서는
이를 공시태 속에 존재하는 변이로서 이해하며, 공시적 자료에서 확인되
는 '-오-' 출현의 이러한 동요는 그대로 통시적 언어사실을 반영한다고
보아 통시적인 기능의 변화라는 관점에서 규칙화해 볼 것이다.(3.3) 즉,

공시태의 불규칙성을 언어변화를 일으키는 원인과 언어변화의 과정이라는 통시적인 측면에서 체계화해 볼 것이다.

'-오-'의 소멸이 확산되어 가는 과정도 기능의 관점에서 살펴 볼 것이다.(제4장) 즉, '-오-'는 명사구내포문을 구성함으로써 그 통사적 기능이 명사성을 뚜렷이 하고 있음을 알 수 있으며 '-오-'의 소멸은 이러한 기능의 변화로 설명해 볼 수 있는 것이다. 명사성이 약한 의존명사 구문 같은 제한된 분야에서 '-오-'의 소멸이 시작된다는 언어사실을 중시하고, '-오-'의 소멸 과정이 이 명사성의 정도와 어떤 관련이 있는가를 주의깊게 살펴 볼 것이다. 즉, '-오-'의 소멸은 통사구조상 명사구 〉부사구의 변화로서 명사성의 약화로 설명되는 것이다. 이러한 통사구조의 변화에 대한 고찰은 '-오-' 소멸의 동기와 과정을 '-오-'의 통사적 기능과 관련하여 설명해 볼 수 있게 한다. 또한 '-오-'의 소멸 과정도 명사성의 정도에 따라 진행되어 명사성이 약한 구성에서 소멸이 시작되어 명사성이 강한 구성에까지 확산되는 것을 살펴 볼 수 있다.(4.2, 4.3)

이렇듯 점진적으로 오랜 기간 동안 복잡한 과정을 거쳐 완성되는 한 형태소의 소멸과정을 기능의 관점에서 면밀히 살펴 보는 것은 그 형태소의 기능 규명과도 관련되는 작업이라고 할 수 있을 것이다.

또한 본 연구는 한 형태소의 소멸의 동기와 과정을 통사론적 측면에서 설명을 시도하여 한 형태소의 소멸 이후의 통사구조, 즉 '-오-'의 소멸로 인하여 초래되는 국어의 통사변화가 '-오-'의 소멸과 어떤 관계가 있는지를 살펴 볼 것이다.(4.4) 이는 국어의 통사변화의 한 양상에 대한 연구가 될 것이다.

국어 문법사 연구는 그 동안 구조문법 이론의 도입과 함께 형태론적 연구는 상당한 발전을 이루었으나 통사론적 관점에서의 연구는 아직 본격적으로 시도되지 않고 있다. 이제 국어 문법사 연구도 그 동안 이루어진 국어 자체의 특수성을 추구하는 구조문법적 기술을 바탕으로 하여 보편문법 이론과 역사언어학적 방법론에 입각하여 문법현상을 체

계적으로 설명해 낼 수 있어야 하며, Chomsky 이후 눈부신 발전을
이룩한 생성문법 이론에 의한 통사론적 접근도 요구되는 바이다.2) 본
연구에서는 그 동안 생성문법 이론에서 밝혀진 문의 구성에 관한 이론
과 용어를 적용하나, 변형생성이론의 끝없는 추상성에 한계를 가져다
주는 언어사실을 '-오-'와 관련한 중세국어 현상에서 발견하고, 표면구
조에 대한 문장의 기술이 중요한 의미를 가지게 됨도 논의하게 될 것
이다.

본 연구에서 인용한 자료의 목록과 略字는 다음과 같다.

15세기 자료		16세기 자료	
龍飛御天歌	용가	飜譯老乞大	노걸
訓民正音諺解	훈민	飜譯小學	번소
釋譜詳節	석상	呂氏鄕約諺解	여씨
月印千江之曲	월곡	二倫行實圖	이륜
月印釋譜	월석	童蒙先習諺解	동몽
楞嚴經諺解	능엄	小學諺解	소언
法華經諺解	법	中庸諺解	중용
金剛經諺解	금강	論語諺解	논어
阿彌陀經諺解	아미타	恩重經諺解	은중
圓覺經諺解	원각		
法語錄諺解	법어		
地藏經諺解	지장		
內訓	내훈		
杜詩諺解初刊	두시		
金剛經三家解	금삼		
觀音經諺解	관음		

---

2) 이현희(1989)에서도 이러한 점이 지적되고 있으며 그 동안 국어 문법사 연구
  에서 통사론적 접근을 시도하고 있는 연구들을 소개하고 있다.

17세기 자료		18세기 자료	
胎産輯要	태산	伍倫全備諺解	오륜
禪家龜鑑	선가	蒙語老乞大	몽노
東國新續三綱行實圖	삼강	重刊老乞大諺解	노언重
痘瘡經驗方諺解	두창	淸語老乞大諺解	청노
重刊杜詩諺解	두시重	綸音諺解	윤음
老乞大諺解	노언	臘藥症治方諺解	납약

제2장 '-오-'의 研究史的 검토

2.1. 문제의 제기

'-오-'에 대한 연구는 許雄(1955)에서 소위 '삽입모음'으로 假稱된 이래 국어 문법사 연구의 초창기부터 연구되기 시작하여 활발한 논의가 이루어졌음에도 불구하고 아직도 국어학자들의 연구를 기다리고 있는 과제의 하나이다.[3] '-오-'의 문법적 성격과 형태소 설정에 따른 연구대상의 범위, 문법적 기능에 대한 규명 등에 있어서 매우 다양한 설명들이 이루어졌다.

이러한 연구의 혼란이 유독 '-오-'연구에서 심한 까닭은 무엇일까? 이에 대한 원인으로는 우선, '-오-'가 이른 시기에서부터 소멸하기 시작하여 '-노라', '-노니' 등의 화석화된 용법만을 남긴 채 모든 환경에서 자취를 감추어 버린 데에서 연유한다. 이러한 소멸된 형태소에 대하여 연구자의 직관이 작용하기에는 한계가 있고 또한 연구에 어려움이 있는 것이다. 다음으로 생각할 수 있는 것은 지금까지의 '-오-'에 대한 어떤 연구도 문제의 핵심에 다다르지 못하고 있기 때문이라고 볼 수 있다. 각 연구들이 '-오-'에 대한 부분적인 설명을 하고 있어 그 설명을 적용할 경우 많은 예외를 인정하여야 하는 개별적인 설명에 머무르고 있는 것이다. 그리하여 최근까지도 '-오-'에 대한 연구는 구심점을 찾지 못한 채 새로운 연구가 시도되고 있는 실정이다.

本章에서는 '-오-'에 대한 과거의 연구를 돌이켜 보고, 看過해버린 논의들의 중요한 논점에 대하여도 살펴 볼 것이다. '-오-'연구에서 우

---

[3] '-오-'를 음운층위의 단위가 아닌 문법단위인 형태소로서의 자격을 인정한다면 '-오-/-우-', '-o-/-u-' 등으로 기술하는 것보다는 기본형태소를 '-오-'로 정하여 기술하는 것이 옳은 방법이다.

리가 갖는 고정관념이 있다면 許雄과 李崇寧의 연구방법으로 二分하여 연구하려는 태도이다. 그렇게 함으로써 이 둘과는 다른 논의에 대하여는 주의를 기울이지 않고, 전혀 다른 두 설명 중에서 양자택일하는 연구가 진전되고 있는 면이 없지 않은 것이다. 이러한 시점에서, 가능하면 이를 탈피하고 그 동안 이루어진 모든 논의에 대하여 똑같은 자격으로, 객관적으로 고찰하여 '-오-' 연구에서 공통적으로 문제되는 것이 무엇인가를 찾아 내어 이를 극복할 수 있는 길을 모색해야 할 필요성이 있는 것이다. 또한 각 논의 간에 논쟁점을 찾기 보다는 각 논의에서 得이 되는 점들을 취할 수 있는 긍정적인 자세가 필요하다고 생각한다.

이러한 점들을 인식하고 이 곳에서는 지금까지 이루어진 '-오-'에 대 한 연구에서 문제가 되고 있는 다음과 같은 몇 가지를 중심으로 살펴 보려 한다.

1. '-오-'의 문법적 성격
   '-오-'를 음운론적 단위로 보느냐, 그 이상의 문법적 단위인 형태소로 인정하느냐, 형태소로 본다면 접미사로 보느냐, 어미로 보느냐의 문제.

2. '-오-' 형태소의 분포와 동일형태소의 범위
   1) '-오-' 형태소의 분포에 대한 기준 설정문제
   2) 종결·연결형에 나타나는 '-오-'와 관형사형·명사형의 '-오-'가 동일형태소인가, 다른 형태소인가의 문제.
   3) '-오-'를 항상 선접하여 대립항을 찾을 수 없는 '-옴', '-오디', '-오마'에서의 '-오-'와 대립항을 찾을 수 있는 종결, 연결, 관형사형에서의 '-오-'가 동일형태소인가, 다른 형태소인가의 문제.
   4) '-옷-', '-돗-'의 '-오-'를 동일형태소로 포함시킬 것인가의 문제.
   5) '-로-', '-샤-', '-다-', '-가-', '-과-'와 이형태 설정 문제.

3. '-오-'에 대한 연구의 접근 방식

연구대상으로 하는 모든 '-오-'에 대하여 동일하게 접근하는 일
원적 방식과, 종결·연결형에서의 '-오-'와 관형사형 혹은 명사
형에서의 '-오-'를 각각 달리 접근하는 이원적 방식으로 그 연구
방식을 나눌 수 있다.

4. '-오-'의 문법적 기능 규명

흔히 형태·통사론적 입장과 의미론적 입장으로 나누고 있는데,
전자의 입장에서는 '-오-'의 출현 여부가 통사구조의 차이에서
온다고 보아 '-오-'의 통사 기능상의 어떤 독자적인 문법적 기능
을 찾으려 하고, 후자의 입장에서는 '-오-'를 서법요소로 파악하
려 한다. 그 밖에 80년대에 이르러서는 화용론적인 접근도 시도
되고 있다.

위의 여러 문제들은 각 논의에 있어 혼란이·매우 심하여 철저한 기
준이 없으며 각 논의의 결론에 따라 달리 적용된다. 특히 형태소 설정
문제는 문법적 기능 규명과 뗄 수 없는 관계에 있으므로, '-오-'에 대
한 철저한 형태소 설정의 기준이 없이 기능 연구에 들어갈 수는 없을
것이다. '-오-' 연구에서 무엇보다도 중요한 것은 기존의 연구에서 공
통적으로 문제되는 점이 무엇인가를 추출하여 이를 설명할 수 있어야
하며 이러한 문제점들을 덮어 둔 채 이루어지는 '-오-' 연구는 완전한
연구라고 말할 수는 없을 것이다.

2.2. 研究史

국어문법의 연구는 외국인에 의해 시작되었는데 '-오-'에 대한 연구
도 외국인의 연구에서 찾아 볼 수 있으며, Maclyntyre (1879-1880),
Gale (1916), Eckardt (1923), Underwood (1924) 등의 서양인
들에 의해 처음으로 간단히 언급되었다.[4] 이들은 '-오-'를 단순한 음

---

4) 小倉進平(1938:176-7) 참조

운론적 단위가 아닌 하나의 형태소로 인식하여 그 기능규명에 관심을 가졌으며 '-오-'의 문법적 의의를 '강조'나 '일인칭어미'로 파악하였다. 그러나 이들은 중세국어나 그 이전의 자료를 분석함이 없이 당시의 국어에 남아 있던 '노라', '-노니'에 대한 국한된 분석만을 하였으며 이들의 연구를 본격적인 연구로 볼 수는 없다.

'-오-'에 대한 논의는 일본인들에 의하여 어느 정도 본격적으로 이루어졌으나 결국 국어학자들의 연구에서 많은 논쟁점을 제기해 가면서 발전해 왔다. 이곳에서는 지금까지 이루어진 '-오-'에 대한 연구들을 고찰해 봄에 있어서 일본인 前間恭作(1924)에서부터 최근 1980년대 말까지 이루어진 국어학자들에 의한 연구물들을 대상으로 한다. 그 목록을 보이면 다음과 같다.

일본인들에 의한 연구

前間恭作(1924) 龍歌古語箋
小倉進平(1929) (謙讓の助動詞の變遷) 鄕歌及吏讀の硏究
　　　　(1938) 朝鮮語に於ける謙讓法の助動詞
大江孝男(1958) 中期朝鮮語動詞の丄丅語幹に就いて
　　　　(1968) 中期朝鮮語動詞(用言)の丄丅語幹について

국어학자들에 의한 연구

梁柱東(1942) 古歌硏究
許　雄(1958) 揷入母音攷
　　(1959) 揷入母音再攷
　　(1963ㄱ) 또다시 人稱・對象 活用語尾로서의 {오/우}를 論함

John Maclyntyre(1879-1880) "Notes on the Corean Language", The China Review Vol.8.
H.G.Underwood(1924) "An introduction to the Korean Spoken Language", 2nd ed.
J.S.Gale(1916) "Korean Grammatical Forms", Revised edition.
P.Andreas Eckardt(1923) "Koreanische Konversationsgrammatik"

(1963 ㄴ) 中世國語 研究

(1964) 李崇寧 博士의 「中世國語 Mood 論」에 대한 批判

(1965) 「인칭어미설」에 대한 다섯번째의 논고

(1973) 15세기 국어의 주체-대상법 활용

(1975) 우리 옛말본

李崇寧(1959) 語幹形成과 活用語尾에서의 「-(오/우)-」의 介在에 대
하여

(1960) Volitive form으로서의 Prefinal ending '-(o/u)-'
의 介在에 대하여

(1961) 中世國語 文法

(1964 ㄱ) 中世國語 Mood論

(1964 ㄴ) 「-(오/우)-」 論攷

(1976) 15世紀 國語의 冠形詞形 /-논/系 語尾에 對하여

金亨奎(1961) 「-(오/우)-」 挿入母音攷

(1962) 國語史研究

朴亨達(1968) 15세기 국어의 冠形形에 나타나는 交替音韻(ㅗ/ㅜ)의
機能에 관하여

李鍾殷(1968) 15世紀 國語의 主觀的 確認判斷의 敍法에 대하여

李男德(1970) 十五世紀 國語의 敍法研究

(1972) 十五世紀 國語의 情動法研究

姜吉云(1972) 限定法 (挿入母音 오/우)에 對하여

金炯基(1972) 우리 옛말에 있었던 敍述語尾의 人稱關係에 대하여

金昇坤(1974) '오/우' 形態素 考 - 老乞大와 朴通事를 中心으로 -

李仁模(1971) 古典國語의 研究

(1975) 中世國語의 敍法과 時制의 研究

孫周一(1980) 15世紀 國語의 先語末語尾 「-오/우-」에 對한 統辭論
的 研究

(1986) 15世紀 國語 {오/우} 再考

任洪彬(1981) 先語末 {-오/우-}와 確實性

車賢實(1980) 鄕歌의 '乎, 烏, 屋'의 統辭的 機能과 意味

(1981) 중세국어 응축보문 연구 - 「-오/우-」의 통사기능을

중심으로 -

鄭在永(1985) 15世紀 國語의 先語末語尾 {-오/우-}에 대한 硏究
김송룡(1985) 16세기 국어의 인칭법에 관한 연구
최남희(1987) 선어말어미 「-*오/우-」의 통어 기능
허원욱(1988) 15세기 우리말 매김마디의 연구

이 밖에 '-오-'의 기능 규명에 대한 본격적인 논의는 아니지만 李基文(1972), 安秉禧(1967), 劉昌惇(1973ㄱ)의 문법사 연구에서 '-오-'에 대한 기술을 찾아볼 수 있으며, 高永根(1981, 1987)에서도 '-오-' 형태소의 분포와 기능에 관하여 상세히 기술하고 있다.

다음에는 위의 연구들에서 논의되고 있는 것들을 2.1에서 제시한 항목별로 고찰해 보기로 한다.

2.2.1. '-오-'의 문법적 성격

'-오-' 연구의 초창기에는 '-오-'가 독립된 기능을 가진 형태소로 인식되지 못하고 음운론적 단위로 인식되어 '雅語助詞'(前間恭作, 梁柱東), '揷入母音'(金亨奎) 등으로 지칭되기도 하였다.5) 그러나 '-오-'는 일찍부터 단순한 음운론적 단위가 아닌 하나의 형태소로 인식되었으며, 형태소로서 갖는 문법적 성격에 대하여는 그것의 기능을 둘러싸고 꽤 많은 논란이 있어 왔다.

前間恭作는 '-오-'를 不定法語基를 이루는 '助(動)詞'로, 大江孝男은 이차적 어간 형성에 참여하는 요소로 처리하였다. 즉 '-오-'를 語基 또는 語幹의 일부로 파악함으로써 통사적 기능과 관계하기보다는 의미적인 보조요소인 준어간형식으로 본 것이다.6)

---

5) 許雄(1958)에서는 '揷入母音'으로 假稱하였으나 '-오-'를 독립된 형태소로 인정하였다.

6) 前間恭作(1924:23), 大江孝男(1958:123)에서 이러한 접근을 하고 있으며, 이는 孫周一(1980:31)에서도 지적하였듯이 선어말어미에 대한 종래의 일반론에서 비롯된 해석으로 볼 수 있다. 선어말어미에 대한 종래의 일반적 해석에 대하

李崇寧(1959)에서는 어간을 형성하는 '接尾辭'로서의 '-오-'와 활용어미인 'prefinal ending'으로서의 '-오-'를 같은 원리로 설명하려 하였다. 그러나 李崇寧(1960)에서는 'prefinal ending'으로서의 '-오-'의 기능에 논의를 집중시킨다.

許雄(1963)에서는 '삽입모음'이라는 명칭을 버리고 '인칭·대상활용어미'로 대신하였으며 후에 '인칭법·대상법의 안맺음씨끝'으로 부르고 있다.

李基文(1972), 安秉禧(1967), 高永根(1981)에서는 '先語末語尾'로 통일되어 가며 劉昌惇(1973ㄱ)의 '先行語尾'도 같은 용어이다. 결국 '-오-'를 prefinal ending, 선어말어미, 선행어미, 안맺음씨끝 등으로 달리 부르고 있으나 그 문법적 성격을 동일하게 파악하고 있으며 용어상의 차이에 불과한 것이다.7)

孫周一(1980)에서는 '-오-'의 형태론적 환경을 '어간 + 선어말어미 + 어말어미'의 구조로 보임으로써 '-오-'가 접미사가 아닌 어미의 일부로서 선어말어미임을 확실히 하고 있다.

'-오-'를 어간 형성에 참여하는 접미사가 아닌 어미의 일부로 보는 것은 '-오-'의 기능을 어휘적 기능이 아닌 통사적 기능에서 찾아야 함을 명백히 해 주는 것이다. 그러므로 '-오-'의 연구는 바로 '-오-'의 통사적 기능을 구명해야 하는 작업을 의미한다고 볼 수 있는 것이다.

2.2.2. '-오-' 형태소의 분포와 동일형태소의 범위

지금까지의 '-오-' 연구에서 내릴 수 있는 하나의 결론이 있다면 '-오-'의 문법적 성격을 선어말어미로 보는 것이다. 그 밖의 다른 것에 관해서는 연구자에 따라 다양한 설명들을 하고 있어서 모든 것이 미해결로 남아 있다고 하여도 과언이 아니다. 우선 '-오-'의 동일형태소 설정 문제에서부터 아직 뚜렷한 결론을 내리지 못하고 있다. 형태소 설정의 문제는 '-오-'의 기능 규명과 뗄 수 없는 중요한 관계에 있으

여는 李承旭(1973:183) 참조.
7) 선어말어미의 용어에 대하여는 고영근(1989:243) 참조

므로 극도의 정확성을 기해야 할 문제라고 생각한다. 각자가 주장하려
는 논의의 결론에 따라 임의적으로 선택하는 기준은 '-오-' 연구에 혼
란만을 가져올 뿐이다. 이 형태소 설정의 문제에서부터 확실한 기준이
없어서 '-오-'의 연구가 문제에 빠져 있는지도 모른다. 그러므로 우선
'-오-'가 나타나는 형태론적 분포에 대하여 객관적이고 엄정한 기준을
정하는 것이 필요하다. 이러한 기준에 의하여 동일형태소의 범위는 결
정되어야 하는 것이다.

1) '-오-' 형태소의 분포에 대한 기준

기준 1 : 語幹 형성의 '-오-'는 제외되어야 한다.

'-오-'를 선어말어미로 규정함으로써 어간을 형성하는 접미사는 '-
오-'의 형태소 설정에서 당연히 배제되어야 한다. 李崇寧(1959), 姜吉
云(1972)에서 포함시켰던 사역형의 '-오-'와 李炳銑(1971)에서 同軌
로 보고 있는 부사형접미사 '-오-'는 선어말어미 '-오-'와는 별개의
각자 다른 형태소들이다. 이들은 파생접미사로서 어휘적 기능을 갖는
형태소들인 것이다. 그러므로 이들을 같은 형태소로 보아 의미론적으
로 연관시키는 설명은 객관적인 형태소 설정의 기준에 맞지 않은 것이
다.
　한 가지 주의를 요하는 것은 명사형 형성의 '-오-'에 관한 것이다.
이에 대하여는 후에 자세히 논하겠지만 명사형의 '-오-'는 전성어미
(명사형어미) '-ㅁ' 앞에 선접하는 선어말어미로서 명사화의 통사적 기
능을 수행하는 형태소인 것이다.8)

　기준 2 : 선어말어미 '-오-'는 '-ㅁ', '-ㄴ', '-ㄹ'의 동명사형어미
　　　　　에 先接된다.

'-오-'는 선어말어미이므로 어미와 결합한다. 이 때 '-오-'가 결합

---

8) '-옴'에 대한 자세한 논의는 3.2.1 참조

하는 어미에 어떤 형태론적 조건을 줄 수 있는지가 검토되어야 한다.
그것이 가능하다면 '-오-' 형태소의 분포에 대하여 체계적인 기술을
할 수 있기 때문이다.

'-오-' 형태소의 분포에 대한 논의는 許雄(1958), 孫周一(1980),
高永根(1981), 鄭在永(1985) 등에서 찾아 볼 수 있다. '-오-'가 결
합하는 어미형태들을 자료에서 찾아 보이면 다음과 같다.9)

① 종결어미에
  -오라, -오이다, -오니라; -노라, -노이다, -노니라; -오리라, -
  오리이다; -논가, -노닛가, -온가, -오리잇가; -오리잇고; -오마
② 연결어미에
  -오니, -노니, -오리니; -오듸; -오려
③ 전성어미에
  -옴; -온, -논; -올

위의 형태 중에서 '-오이다'와 '-오듸'를 제외한 모든 형의 '-오-'
가 동명사형어미 '-ㅁ', '-ㄴ', '-ㄹ' 앞에 선접되었다. '-이-'는 어말
어미가 아닌 선어말어미이다. '-오이다'는 '-오라'에, '-노이다'는 '-
노라'에 '-이-'가 삽입된 것이므로 어말어미와 관련한 형태론적 분포
에서는 문제가 되지 않는다. 그러나 '-듸'에 대해서는 후에 자세히 논
의하겠지만 설명이 필요하다.10) '-듸'는 중세국어에서 의존명사 〉어
미화하는 과정에 있으므로 관형형어미가 '-듸' 앞에 존재하다가 어미

---

9) 高永根(1981), 鄭在永(1985)에서는 의문법어미에 '-오-'가 先接한 형이 빠져
  있다. 그러나 중세국어 자료에서 의문법에도 '-오-'가 나타나는 예를 다수
  발견할 수 있다.
  -눈에 보논가 너기슥ᄫ쇼셔(월곡:2)
  -主人이 므슴 차바놀 손ᅀᅩ 돈녀 빙ᄀ노닛가(월석6:16)
  -涅槃애 다ᄃᆞ론가 ᄒᆞ다소니(석상13:43)
  -현마 七寶로 ᄭᅮ며도 됴타 호리잇가(월곡121)
  -부텻 法이 精微ᄒᆞ야 져믄 아히 어느 듣ᄌᆞᄫᅩ리잇고(석상6:11)
10) '-오듸'에 대한 자세한 논의는 4·4·2 참조

화하는 과정에서 탈락하였을 가능성이 있는 것이다. 나머지 형들은 모두 동명사형어미 '-ㅁ', '-ㄴ', '-ㄹ' 앞에 나타나며 종결, 연결, 전성어미에 걸쳐 두루 나타난다. 그러므로 우리는 선어말어미 '-오-'의 형태소적 분포환경을 '-ㅁ', '-ㄴ', '-ㄹ'의 동명사형어미와 관련하여 설정할 수가 있는 것이다.

국어의 文이 동명사문 즉 명사문에서 발달하였다는 것은 국어와 Altai 諸語와의 관련성 아래에서 일찍부터 논의된 사항이다. 동명사형어미로는 '-ㅁ', '-ㄴ', '-ㄹ' 등이 확인되었다. Ramstedt(1929), 金完鎭(1957)에서는 이러한 동명사형에 첨사(particle)가 결합하여 명사문이 서술문화하고 있음을 설명하였다.11) 이는 국어의 활용어미 발달에 통시적인 고찰을 중요시하는 설명인데 그 후로도 李基文(1972), 安秉禧(1967), 李承旭(1973) 등에 의해 국어의 문이 기원적으로 명사문이었을 것이라는 설명이 이루어졌다.12)

그러나 이와는 달리 공시적인 구조관계를 중요시하는 연구에서는 관형구문을 이에 대응하는 서술성구문에서 유도한다.13) 국어 활용어미의 연구에 통시태를 적용하는 것은 공시적으로 형태소를 분석하는 관점에서는 문제가 되겠지만, 형태소 분석에 보다 체계적인 흐름을 포착하게도 한다는 점에서 가치를 지닌다.14) 위의 '-오-'가 선접된 어미형태에도 종결, 연결어미에 왜 '-ㄴ', '-ㄹ'계가 많은지에 대해서 역사적으로 동명사형에서 활용어미가 발달하였다는 설명을 가능하게 하는 것이다. '-오-'와 관련하여 이러한 접근은 李男德(1971), 李仁模(1975)에서 찾아볼 수 있다.15)

---

11) Ramstedt(1939:74)에서는 '-ra', '-ira'등의 particle이 결합하여 predicate ·로 되는 예를 보였으며, 金完鎭(1957:47-9)에서는 '-n','-l'등의 동명사 접미사에 '가','아','다','이' 등의 particle이 결합하여 동명사가 서술어적 사용으로 붕괴 융합된 설명을 하고 있다.
12) 安秉禧(1967:257)에서는 '-ㄴ가, -ㄴ고, -ㄴ다, -녀, -뇨'가 동명사와 의문첨사로 소급되며 적어도 의문문은 모두 명사문이 된다고 설명하였다.
13) 이러한 논의는 高永根(1982)에서 찾아볼 수 있다.
14) 통시태와 체계에 관하여는 金芳漢(1988:20-1) 참조.
15) 李男德(1971:44)에서는 'ᄒᆞᄂᆞᆫ', 'ᄒᆞ노니', 'ᄒᆞ노니라'에 대하여 다음과 같이 설명하고 있다.

'-오-' 형태소의 분포를 밝히는 데 있어서, '-ㅁ', '-ㄴ', '-ㄹ'의 동명사형어미 앞에 '-오-'가 나타난다는 사실은 '-오-'의 통사적 기능과 관련하여 중요한 의미를 갖는다. 즉 한 문의 종결(서술)과 관련된 형태소라는 점, 명사적 기능과 관련된 형태소라는 점 등은 '-오-'의 통사적 기능을 짐작할 수 있게 하기 때문이다. 그러므로 '-오-' 형태소의 분포에 대한 기준을 동명사어미 앞이라고 제시하는 것은 '-오-'의 출현에 간단명료하고 체계적인 기술을 제공할 수 있으며 또한 그것의 통사적 기능규명과도 직결되는 것이라고 볼 수 있다.

2) 종결·연결어미의 '-오-'와 관형사형·명사형의 '-오-'

'-오-'의 동일형태소를 설정하는 범위는 어디까지나 '-오-'형태소의 분포환경에 따른 정확한 형태론적 기준에 의하여야 할 것이다. 이러한 형태론적 기준이 없이 통사·의미론적 기준에 의한 동일형태소의 설정은 바른 분석이라 할 수 없다. 더구나 '-오-'의 통사·의미적 기능 규명이 밝혀지지 않은 상태에서는 우선적으로 형태론적 기준에 의하여 형태소를 설정하는 것이 가장 바람직하다.

'-오-'의 동일형태소 설정 문제에서 가장 논란이 심한 항은 종결·연결어미에서의 '-오-'와 전성어미인 관형사·명사형에서의 '-오-'를 같은 형태소로 볼 것인가, 각각 다른 형태소로 볼 것인가의 문제이다. 이는 '-오-'의 기능 규명과 얽혀 대립된 문제이기도 하다. 즉 통사적 접근을 시도하고 있는 許雄, 李仁模 등은 이를 다른 형태소로 보고, 의미·서법적 접근을 시도하는 李崇寧, 李男德 등은 동일형태소로 본다.16) 許雄(1959)에서는 이를 同音異義形態로 보나 역사적으로는 한 가지 형태소였으리라고 본다.

관형형 ──→ 연결형 ──→ 종결형
ᄒᆞ논   ᄒᆞ논+이   ᄒᆞ논+이+라

16) 명사형에서의 '-오-'에 대하여는 이들 간에 또한 분석상 차이가 있다. 李仁模(1975)에서는 명사형·관형사형의 '-오-'를 동일형태소로 보지만, 許雄(1958)에서는 '-옴'을 동일형태소로 설정하는 데에 유보적이다. 李崇寧(1959)에서도 '-옴'을 어간형성의 접미사로 본다.

본 논의에서는 형태론적 기준에 의하여 종결·연결·전성어미 모두에 '-ㅁ', '-ㄴ', '-ㄹ'의 동명사형 앞의 '-오-'를 동일형태소로 설정하므로 이들은 동일형태소의 범주에 든다.

3) 대립항의 有無에 의한 동일형태소 설정 문제

그 다음으로 문제되는 항은 '-옴', '-오딕', '-오마' 등에서와 같이 '-오-'가 항상 나타나서 대립항을 찾을 수 없는 형과, '-오-' 출현의 有無에 의하여 대립항을 찾을 수 있는 형과의 동일형태소 설정 문제이다.

이 양자에 대한 구분은 前間恭作(1924:21)에서 처음으로 찾아볼 수 있는데 그 후 劉昌惇(1973ㄱ:338)에서도 찾아볼 수 있다. 이들은 '-오-'가 항상 나타나는 형의 '-오-'를 각각 '雅語助詞', '調音辭'로서 파악하여 형태소로서의 자격을 인정하지 않았다.

그 후 高永根(1981:37)에서는 형태소 분석의 기준으로 계열관계와 통합관계를 만족시켜야 한다는 원칙을 적용하여 '-옴'과 '-오딕'의 '-오-'를 분석할 수 없다고 하였다. 통합관계로 볼 때 '-오-'를 제외한 '-ㅁ', '-딕'가 직접 어간에 붙는 일이 없기 때문이다.

그러나 '-옴'에서 '-오-'를 분석해 낼 수 있는 근거는 拙稿(1990ㄱ:61)에서 지적한 대로 '여름, 거름'과 '여룸, 거룸'의 차이 즉 전성명사와 명사형의 비교에서 '-오-'의 변별적 기능을 추출할 수 있고, '-오-'를 선행시킨 전성명사 '깃붐, 아룸'과의 비교에서도 '-오-'의 추출이 가능하다.

또한 '-오딕'의 '-오-'는 의존명사의 어미화 과정에서 의존명사 '딕' 앞의 선어말어미 '-오-'와 관형사형어미 '-ㄴ'의 구성에서 통합소(연결소) '-ㄴ'이 탈락되고 '-오-'만이 화석화하여 결합된 요소라는 것을 통시적으로 밝힐 수 있다.[17] 또한 무엇보다도 이들이 동일형태소의 '-오-'라는 것은 '-오-'의 소멸과정을 통시적 관점에서 살펴 본 후에야 더욱 명확해질 수 있을 것이다.

---

17) '-오딕'에 대하여는 4·4·2 참조.

'-오마'는 15세기 문헌에서는 찾을 수가 없고 16세기 문헌에서부터 찾아 볼 수가 있는데 동명사형어미 '-ㅁ' 앞에서의 선어말어미 '-오-'를 분석해 낼 수 있을 것이다. 본 논의에서는 동명사형어미 '-ㅁ', '-ㄴ', '-ㄹ' 앞의 '-오-'를 동일형태소로 설정한다는 형태론적 기준 아래 이들을 동일형태소로 설정한다.

  4) '-옷-', '-돗-'의 '-오-'

  감탄, 감상, 감동, 강조, 영탄법 등으로 불리우는 '-옷-', '-돗-'의 '-오-'를 선어말어미 '-오-'와 동일형태소로 보느냐, 다른 형태소로 보느냐에 있어서는 그 혼란이 매우 심하다.18) 중세국어의 감탄법어미에 대한 규명 자체가 대단히 복잡하고 형태론적인 분석이 加해지지 않은 실정이다.

  高永根(1981:38-45)에서는 'ㅅ'계열의 감탄법어미들을 감동법이라 이름하여 체계적으로 분석하고 있는데 '-옷-', '-돗-', '-ㅅ'을 동일형태소로 설정하며, 여기에 선접된 '-오-'를 선어말어미 '-오-'와는 다른 형태소로 설정하고 있다.

  李男德(1971)에서는 감탄어미로 'ㅎ노라, ㅎ놋다, ㅎ도다, 호라, 호리라' 등을 설정하고 이들이 모두 이형태 관계에 있다고 하였다. 그리하여 '-오-'의 이형태로 /o-u/ 뿐 아니라 '도-로'도 설정되었다. 물론 이러한 분석은 형태소의 분포환경을 고려하지 않은 잘못된 분석이다. 이는 '-오-'의 기능을 '情動敍法語尾'로 규정하면서 감탄법을 '客觀情動法'으로 분류하여 여기에 포함시킨 것이다. 이는 형태소 분석에 형태론적 기준보다는 의미론적 기준에 치중하는 것으로 정밀한 형태소 분석이 되지 못함은 당연하다. 그리하여 許雄(1958)에서 구별하고 있는 '이로라'와 '이로다'의 '-로-'들을 '도-로'가 동일형태소의 이형태라 하여 구분하지 않고 있다.19)

―――――――――――――――

18) 동일형태소로 보는 견해는 李崇寧, 李男德, 李仁模, 孫周一, 車賢實, 鄭在永 등이다.
19) 許雄(1958:110)에서 '-이로다'의 '-로다'는 감탄·강조의 뜻을 가진 '-도

그러나 '이로라'는 선어말어미 '-오-'가 선접한 형이며, '이로다'는 감탄법의 '-옷-'이 개입한 형으로 구분하여 분석할 수 있다. '-옷-', '-돗-'의 '-오-'는 '-ㅅ'앞에 나타나며 동명사형어미 앞에 나타나는 선어말어미 '-오-'와는 형태소적 분포환경이 다르므로 동일형태소가 아니다.

이러한 형태소적 기준 외에도 다음과 같은 분석으로도 이를 논증할 수 있다. 'ᄒ노소라, ᄒ노소니, ᄒ도소이다.' 등은 'ᄒ놋다, ᄒ돗다' 등에 선어말어미 '-오-'가 선접된 형태로서 'ᄒ+ᄂ+옷+오+라', 'ᄒ+ᄂ+옷+오+니', 'ᄒ+돗+오+이+다'로 분석된다.[20] 만약에 '-옷-', '-돗-'의 '-오-'가 우리가 논하고 있는 선어말어미 '-오-'라면 같은 형태소가 두번 개입하는 결과가 되어 바른 분석이 되지 못한다. 설혹 '-옷-', '-돗-'에서 '-오-'를 추출할 수 있을지라도 이 '-오-'는 우리가 논하고 있는 선어말어미와는 성질이 다른 것이다. 이러한 예의 분석에서 보면 한 형태소의 바른 분석은 주변 형태소의 분석에도 도움이 된다는 것을 알 수 있다.

5) 이형태(allomorph)

'-오-'의 이형태 설정에서 문제가 되는 것은 '-로-'와 '-샤-', '-다-', '-가(아)-', '-과(와)-'이다. '-로-'에 대해서는 '-오-'가 왜 '-로-'가 되는지가 음운론적으로 설명되지 않아 문제가 되는데 이에 대한 접근 방법으로 두 가지가 제시되어 있다. '-오-'의 이형태로 '-로-'를 설정하는 방법과 '이다'의 어원을 '*일다'였을 것이라고 추측하는 방법이다.[21]

다'의 한 이형태로서 '-이로라'와는 다른 범주에 속한다고 하였다.

20) 許雄(1975:954)에서는 강조-영탄법의 안맺음씨끝으로 '-도-'계, '-노-' 계, '-소, ㅅ-'계 등을 따로 설정하고 있는데 이러한 분석은 'ᄒ+노+소+ 라', 'ᄒ+노+소+니', 'ᄒ+도+소+이+다'로 강조의 안맺음씨끝이 중복하여 개입하게 되어 불합리하다.

21) 許雄(1963ㄱ:152)에서는 '-로-'가 '-오-'와 문법상 의의가 같고, 배타적 분포를 하기 때문에 이형태로 설정하였다. '이다'의 어원을 '*일다'로 추측한

'-샤-', '-다-', '-가-'에 대해서도 음운론적인 설명이 필요하다. '-샤-'를 '-시-'와 음운론적으로 교체되는 이형태로 다루는 연구는 安秉禧(1963)에서 이루어졌는데, '-다-', '-가-'에 대해서도 이와 같은 설명을 해 볼 수 있을 것이다.[22]

任洪彬(1981)은 이에 대한 해결방안으로 '-오-'의 이형태로 '-아-'가 존재했다는 가설을 제기한다.

許雄(1975)의 연구에서는 '-오-'의 이형태로서 '-아-'를 설정하지 않기 때문에 이들에 대하여 개별적 설명을 하고 있다. '-샤-'에 대해서는 '-시-'+'-오-' → '-샤-'+ zero로 기술하고, '-다-', '-가-', '-과-'에 대해서는 '-오-' 이외의 다른 인칭법을 표시하는 안맺음씨끝으로 설정한다.

任洪彬(1981)에서처럼 '-오-'의 이형태로서 '-아-'를 설정할 수만 있다면 이러한 예들에 대하여 체계적이고 간편한 설명을 할 수 있을 것이며, '아, 어, 오, 우'로 끝난 어간 뒤에서 '-오-'가 나타나지 않고 성조만 상성으로 표기되는 데에 대한 설명에도 유용할 수 있을 것이다. 그러나 이러한 처리에는 문제점이 있다. '-샤-'는 선어말어미 '-오-' 앞에서만 나타나는 것이 아니고 '-아-', '-오-'로 된 다른 어미 앞에서도 나타나기 때문이다.

'-과-'는 許雄(1963ㄴ:248)에서 '-니-'와 대립하는 1인칭 표시의 안맺음씨끝으로 설명된 것이다. 高永根(1981:35)에서는 '-거-'에 선어말어미 '-오-'가 선접하여 종결어미 '-라-' 앞에서 '-과라'로 실현되며, 연결어미 앞에서는 '-가-'로 실현된 것으로 본다. 즉 許雄(1963ㄱ)에서는 '-과-'를 '-가-'와는 별개의 것으로 따로 설정하며, 高永根(1981)에서는 '-과-'를 '-가-'의 '-라-' 앞에서의 실현으로 보는 것이다.

  假說은 河野六郎(1979:486)에서 찾아 볼 수 있으며 '이다'는 '일다'(成)와 그 어원을 같이한다고 보았다.

22) 安秉禧(1963:209)에서 '-샤-'는 '-아, -오티, -옴' 등과 같이 후행 형태의 頭音이 모음일 때에 나타난다고 설명되었다.

이렇듯 '-오-'의 이형태를 설정하는 문제에 있어서 아직 해결되지 못한 몇 가지의 문제점이 있다. 그러나 본 논의에서 제시한 '-오-' 형태소의 분포에 대한 기준에 의할 때에 한 가지 확실한 것은, '-로-', '-샤-', '-다-', '-가-', '-과-'가 모두 동명사형어미 앞에 나타남으로써 선어말어미 '-오-'와 형태소적 분포를 같이 하므로 '-오-'의 이형태들임에 틀림이 없다는 것이다.23) 본 논의에서는 음운론적으로 확실하게 설명이 되는 이형태들은 설명에서 제외하였다.24)

2.2.3. '-오-'에 대한 연구의 접근 방식

'-오-'에 대한 연구는 일찍부터 이원화하여 이루어지기 시작하였다.

前間恭作(1924)에서는 항상 '-오-'가 선접하는 형과, 대립형을 찾을 수 있는 형에 대하여 이원적 연구가 이루어졌다.25)

이와는 달리 許雄(1958)에서는 종결·연결어미의 '-오-'와 관형사형의 '-오-'에 대하여 이원적으로 접근하였으며, 李仁模(1975), 車賢實(1981)에서는 종결·연결어미의 '-오-'와 관형사형·명사형의 '-오-'에 대하여 이원적 접근을 하였다.

이들의 이원적 연구는 '-오-'의 통사적 기능을 구별하여 기술하기 위한 것이었다. 이렇듯 이원적 접근을 시도하는 연구는 '-오-'를 연구함에 있어서 통사론적 접근을 하고 있으며, '-오-'를 의미론적·서법

---

23) 다음과 같은 형태들이 보이는데 이들은 모두 선어말어미 '-오-'와 분포환경이 같다.
'-로-' : 이로라, 이로니, 이로티, 이론, 이롤, 이롬
'-샤-' : -샤티, -샨, -샬, -샴
'-다-' : -다라, -다이다, -다니, -단
'-가-' : -가라, -가니, -가니오, -가뇨
'-과-' : -과라, -과이다
24) 음운론적으로 조건지워진 이형태로는 모음조화에 따라 교체되는 '-우-', '-이'로 끝나는 어간 뒤에서 교체되는 '-요/유-' 등을 들 수 있다.
25) 前間恭作(1924:21)에서는 '-오-'를 항상 취하는 형으로 '홈', '호티', '호라'를 들고 이를 雅語法으로 설명하고 같은 책 25面에서는 대립형을 찾을 수 있는 '혼', '호리', '호려', '홀', '호니' 등에 대하여는 '-오-'가 든 것이 활기가 조금 강하다고 하여 강조법으로 설명하였다.

적 기능으로 파악하는 연구들은 모든 '-오-'에 대하여 똑같이 접근하는 일원적 방식을 취한다.

'-오-'에 대한 연구의 이러한 접근 방식의 차이는 '-오-'의 기능 규명과 밀접한 관계가 있으며 '-오-'의 연구에서 관건이 되는 문제이기도 하다. '-오-'의 형태소 설정에서부터 기능 규명에 이르기까지 모든 연구가 연관을 가지고 유기적으로 이루어져야 하며 결국에는 동일형태소에서 동일 기능을 추출할 수 있는 것이 '-오-' 연구에서의 이상일 것이다.

그러나 문장구성에서의 '-오-'의 출현이 표면적으로 달라 보인다면 이들에 대하여 일차적으로는 다르게 접근할 수도 있을 것이다. 종결·연결어미에서의 '-오-'와 전성어미에서의 '-오-'는 다르게 접근하는 것이 그것의 통사적 기능의 규명을 쉽게 하는 방법일 수도 있다. 많은 연구들이 모든 구성에서의 '-오-'를 함께 설명하려다가 결국은 가장 포괄적인 설명을 함으로써 뚜렷한 문법적 특성을 포착하지 못하는 결과를 초래한 경우가 많다. 그러나 접근방식이야 이원적이더라도 종국에 가서는 동일형태소로 설정한 형태소들의 문법적 기능을 동일 원리로 설명할 수 있어야 할 것이다.

2.2.4. '-오-'의 문법적 기능 규명

'-오-' 연구자들의 궁극적인 목표는 '-오-'의 문법적 기능의 규명에 있다. 좀처럼 그 정체를 드러내지 않는 이 형태소의 기능 규명에 대하여 쏟은 그들의 노력은 가히 지대하다 할 것이다. 이들의 결론을 한마디로 요약해 보면 다음과 같다.[26)]

前間恭作 - 雅語, 강조
小倉進平 - 겸양, 일인칭

---

26) 2.2에서 제시한 목록 중에서 선행 연구와 '-오-'의 기능규명을 같이하고 있는 것은 중복을 피하는 의미에서 제외된 것이 있다.

大江孝男 — 話者의 心理的·主觀的 活動
梁柱東 — 雅語助詞
許 雄   — 인칭·대상 활용어미
李崇寧 — 의도법(敍法)의 prefinal ending
金亨奎 — 調母音
朴亨達 — 강화
李男德 — 情動敍法語尾
姜吉云 — 限定法(敍法)語尾
金昇坤 — 일인칭, 주체·대상관형사형, 定法명사형, 일인칭회상어미
李仁模 — 서법, 종속적 전달관계
孫周一 — 행동주체의 의도
車賢實 — 응축보문표지
任洪彬 — 확실성에 대한 話者의 믿음(樣相)
鄭在永 — 話者의 주관적 판단(敍法)

위의 연구들은 그 동안 許雄과 李崇寧의 논의를 중심으로 꾸준히 진행되어 왔다. 아주 다른 각도에서 '-오-'의 문법적 규명을 하고 있는 두 연구가 공존하여 발전할 수 있었다는 것은 '-오-' 연구의 문제점을 그대로 드러내놓는 증거이다. 또한 李崇寧의 의미론적·서법적 접근과 許雄의 형태·통사론적 접근의 兩立은 '-오-' 연구에서 이 두 접근이 모두 필요함을 의미할 수도 있다.

의미론적·서법적 접근에서는 '-오-'형태소가 통사구조상 어떤 차이를 가져 오지는 않고 문장의 내용에 대한 話者의 심리적 태도를 나타내는 문법범주로 파악되며, 형태·통사론적 접근은 '-오-' 형태소를 통사구조의 차이로 설명하여 통사적 기능을 가진 문법범주로 파악하는 것이다. 그러나 한가지 지양해야 할 점은 형태·통사론적 접근과 의미론적 접근을 양분하여 인식할 필요는 없다는 것이다. 한 형태소의 형태·통사적 기능과 그것이 갖는 의미적 기능은 관련성이 있으며 이들을 동시에 설명해 낼 수 있어야만 '-오-'에 대한 기술은 완전해질 수 있기 때문이다.

본 논의는 '-오-' 형태소의 통사적 기능 규명과, 한 형태소가 통사적 구조 안에서 어떻게 변천되며 그 변천 결과 통사구조상 어떠한 변화가 일어나는가에 대한 천착이다. 그러므로 우선 '-오-' 형태소의 기능 규명에 철저한 통사론적 접근을 시도할 것이다. '-오-'의 기능에 대하여 통사론적 접근을 하고 있는 연구로는 許雄(1958)의 연구 외에 李仁模(1975), 車賢實(1981)의 연구를 들 수 있다.

許雄(1958)은 종결·연결어미에서의 '-오-'와 관형사형의 '-오-'를 다른 형태소로 보고 그 통사적 기능 또한 다른 것으로 파악하였다. 종결·연결형에서는 1인칭과 호응하는 활용어미로, 관형사형에서는 被限定語가 목적어임을 나타내는 대상활용어미로 규정하였다.

李仁模(1975)는 종결·연결어미에 결합하는 '-오-'와 전성어미인 명사형·관형사형에 결합하는 '-오-'를 별개의 형태소로 보며 종결·연결어미의 '-오-'는 서법적 기능을 갖는 형태소로 파악한다. 그러나 관형사·명사형에서의 '-오-'에는 통사적 접근을·하여 이의 통사적 기능을 '종속적 전달관계'로 보며 관형사·명사형에 나타나는 '-오-'를 동일 원리로 설명하고 있다. '종속적 전달관계(dependent nexus)'란 Jespersen의 용어인데 '-오-'를 결합한 관형사형·명사형은 그 앞의 주어와 함께 용언이 갖는 서술어의 기능도 띠며 전달성을 내장하고 있어 각각 관형절, 명사절을 이루는 것을 말하고 있다.

車賢實(1981)은 '-오-'의 통사적 특성을 履行文(performative)이론에 입각하여 고찰하였는데 추상적 상위이행문을 설정하여 표면구조의 서술문이 심층의 이행보문구조에서 도출된다. '-오-'를 심층구조에서 '말ᄒ다', '너기다' 類의 동사의 보문구성이 표면에 도출될 때 삽입되는 응축보문표지의 통사적 기능을 갖는 것으로 규정하고 있다. 이러한 통사적 구성의 논의를 거친 후에 연결, 종결어미 '-니', '-라'에는 서법 등의 의미론적 접근을 시도한다. 그러나 전성어미인 명사형·관형사형에서의 '-오-'에는 순수히 통사론적 접근만을 시도하며 문의 관형화변형과 명사화변형에서 '-오-'가 변형의 표지로 파악되고 있다.

이상의 李仁模와 車賢實의 논의는 이론적인 배경이 다르고 설명 방식이 다르지만 그 내용에 있어서는 많이 다르지 않다는 것을 알 수 있다.27) 李仁模는 Jerpersen의 이론을 끌어들여 전통적인 절의 개념을 사용하여 설명하고 있고, 車賢實은 변형생성이론에 힘입어 보문구성이라는 절차를 사용하고 있지만 모두 '-오-'의 출현 여부를 문구성이라는 거시적 관점에서 보고 있는 것이다.28) 두 연구 다 설명해 내야 할 수많은 문제점들을 남겨 놓았지만 '-오-'의 통사적 기능규명에 있어 새로운 投網을 시작하였다고 볼 수 있다. 특히 李仁模의 연구는 '-오-'의 통사적 기능규명에 새로운 돌파구를 마련했음에도 불구하고 일찌기 주목을 받지 못했다는 아쉬움이 있다.

지금까지 '-오-'에 대한 연구를 초창기부터 80년대 말까지 발표된 논문을 중심으로 살펴 보았다. '-오-'에 대한 연구도 형태·통사론적 접근, 의미론적 접근에서 화용론적 접근까지 시도되고 있으며, 언어이론의 배경에 있어서도 구조문법에서 생성문법 등으로 발전해 가고 있다. 이러한 새로운 접근방식도 물론 중요하지만 먼저 지금까지 이루어진 '-오-' 연구에서 문제가 되는 것이 무엇인가를 확실히 아는 것이 더욱 중요한 일일 것이다. 그리하여 본 장에서는 '-오-'에 관한 연구를 돌이켜 봄에 있어서, '-오-'의 문법적 성격 규명, 형태소 설정과 이형태 문제, 연구의 접근 방식, 통사적 기능 규명 등에 관하여 '-오-' 연구사에서 공통적으로 문제가 되어 있는 점들을 중심으로 살펴 보았다. 이러한 문제점들에 대한 본 논의의 입장은 다음과 같다.

'-오-'는 선어말어미로서 통사적 기능을 갖는 요소라는 것을 확실히 하며, 형태소 설정의 객관적인 기준으로서 동명사형어미 '-ㅁ', '-ㄴ', '-ㄹ' 앞이라는 형태소적 조건을 제시한다. '-오-'의 형태소적 분포는

---

27) 가장 큰 차이는 李仁模에서는 종결·연결형에서의 '-오-'와 관형사형·명사형에서의 '-오-'에 대하여 다른 형태소의 다른 기능으로 파악하고, 車賢實에 있어서는 이들을 동일형태소로 보며 결국은 보문구성이라는 같은 기능을 갖는 것으로 파악한다.

28) 車賢實의 1980년 연구에서는 변형이론이, 1981년 연구에서는 이행문이론이 적용된 것으로 보아 적용한 이론의 변모를 엿볼 수 있다.

이 기준을 만족시키는 종결, 연결, 전성어미 앞이며 이들을 동일형태소로 설정한다. 연구의 접근방식으로는 종결·연결어미에서의 '-오-'와 전성어미인 명사형·관형사형의 '-오-'에 대해서 다르게 접근하는 이원적 방식을 취하며, 통사적 접근이 용이한 명사형·관형사형의 '-오-'에 대하여 우선적으로 접근한다.29) '-오-'의 통사적 기능 규명에 있어서는 한 형태소의 통사적 구성에서의 기능, 즉 문구성에서의 '-오-'의 독자적 기능을 추출하기 위하여 중세국어 복합문에 통사분석을 시도할 것이다.

본 연구는 이러한 기본적인 몇 가지 원칙을 가지고 한 형태소의 문구성에서의 기능과 그것이 소멸되어 가는 과정을 통하여 국어의 통사변화의 한 양상을 살펴 볼 것이다. 또한 이러한 소멸 과정에 대한 고찰을 통하여 그 기능의 규명이 더욱 확실해지기를 기대하는 바이다.

___

29) 종결·연결어미의 '-오-'에 대하여는 통사론적 접근보다는 의미론적 접근이 용이해 보인다. 그러나 명사형·관형사형의 '-오-'와 동일형태소로 설정되었다면 역시 동일한 기능으로 설명될 수 있어야 할 것이다.

제3장 '-오-'의 기능

3.1. 文構成 개관

本章에서는 '-오-'가 중세국어의 문구성에서 독자적 기능을 가지고 있음을 밝혀 보려는 것이다. 한 문법형태소의 성격은 통사론적 측면을 고려 하였을 때 명확해지는 경우가 많은데, 특히 그 형태소가 문의 구성에 참여하는 형태소라면 더우기 그러할 것이다. 한 형태소의 통사적인 기능을 연구할 때 그 범위는 단순한 한 문에서뿐만 아니라 복합문, 때로는 문맥에서의 기능까지도 살펴 보아야 한다. 더구나 중세국어는 문의 구성이 매우 복잡하여 복합문 구성이 대부분이라는 것을 고려하면 이 점은 더욱 강조되는 것이다. 그러므로 본 연구는 '-오-'의 통사적인 기능의 구명에 천착함에 있어서도, 중세국어의 문의 구성이라는 전체적인 골격을 포착하는 데에 주의를 기울일 것이다.

문은 구성상으로 보아 단순문과 복합문으로 나뉘며 복합문(complex sentence)은 전통적으로 둘 이상의 절(clause)로 이루어지는 문을 일컬어 왔다. 절은 주어와 서술어를 가져, 독립되어 쓰일 수도 있는 문의 하위단위를 가리키는데 생성문법에서는 절이라는 개념을 사용하지 않기 때문에 하나의 절은 하나의 단순문으로 다루어진다. 이는 생성문법이 표면구조보다는 기저구조를 중시하여 전통적으로 구별되어 온 문과 절을 동등하게 취급하여 문이라는 용어 속에 절을 포함시키는 것을 의미한다.

그러나 기저구조의 추상성에 어떠한 한계를 설정하는 문제는 생성문법 이론의 커다란 문제점으로 남아 있다. 문의 설정문제에서도 그렇다.

전통적으로 구분되어 온 '文 - 節 - 句'가 모두 같은 문(S)의 자격으로 기술될 수 있다는 것은 문제가 될 수 있으며 실제로 그러한 예를 우리는 중세국어의 '-오-'의 분석에서 발견할 수 있다. 또한 표면구조를 중요시하는 최근의 생성이론에서는 절과 구를 구분하여 기술한다.30) 본 논의에서는 이러한 이유로 생성문법의 용어를 사용하면서도 절과 구라는 전통적인 개념은 그대로 이용할 것이다.

복합문은 전통문법에서 등위접속(coordination)과 종속접속(sub-ordination)으로 구분되었다. 이는 생성문법에서 접속(conjoining)과 내포(embedding)로 설명된다. 복합문의 이러한 구분은 간단한 문제가 아니며 각 언어의 형태·통사적 기준에 의하여야 하는데, 국어문법에서도 이의 명확한 구분이 이루어지지 않고 있다. 접속문을 등위접속과 종속접속으로 나누는 문제, 종속접속문과 내포문의 관계 등에 있어서 異論이 있다.

전통적으로 나열형의 접속어미 '-고', '-며' 등에 의해 이루어지는 접속을 등위접속, 다른 접속어미들에 의한 접속을 종속접속으로 구분하고 있는데, 최현배(1961)에서는 종속접속문('이은월')이 주종적인 관계로 접속된 것이 아니라 대등한 관계로 접속된 것이라는 설명을 함으로써 종속접속문을 내포문보다는 등위접속문과 동계에 서는 것으로 보고 있다.

이와 같은 전통적인 설명과는 달리 최근에는 종속접속문을 내포문의 부사절로 보려는 설명이 있다. 남기심(1985), 유현경(1986)에서는 종속접속문이 등위접속문과 다른 통사적 특징을 지적하고 종속접속문이 부사절을 구성하는 내포문임을 논하였다.

李翊燮·任洪彬(1984)에서도 등위접속과 종속접속의 구분이 어려움을 지적하고 등위접속의 基底를 통사적인 구성에 있어서 종속접속의 기저와 같은 것으로 상정한다. 또한 모든 복합문 구성에 부사구

---

30) 이홍식(1990:28) 참조

(ADVP)를 설정하여 종속접속의 상위범주를 부사구로 봄으로써 종속접속문이 내포문의 일종인 부사절일 가능성을 시사하였다.

徐泰龍(1979)에서는 국어의 모든 복합문이 동일한 기저론리구조에서 유도될 수 있음을 설명하며, 표면에서 의미의 초점이 놓인 구성요소들에 대한 체계적인 기술이 내포와 접속을 동일한 논리로 설정할 수 있는 핵심이 된다고 하였다.

이상의 최근의 복합문 연구를 살펴 보면 등위접속과 종속접속의 구분보다는 접속과 내포의 구분을 설명하려 하며, 이 접속과 내포의 구분도 과거에 구분했던 것처럼 그렇게 확연히 선을 그어 설명할 수 있는 것은 아니라는 것이다. 복합문의 정확한 기술의 어려움을 인정하면서도, 우리는 전통적인 국어 복합문 연구가 통사적인 기초 위에서 이루어지지 않고 대등성 혹은 종속성의 의미를 기준으로 하여 이루어졌다는 것을 지적할 수 있다. 그런 점에 비추어 보면 위의 최근 연구들은 통사상의 차이를 파악하는 등 새로운 시각에서 복합문을 보기 시작하였다고 할 수 있는 것이다.

국어는 복합문을 구성함에 있어 어미가 관여하는데, 접속문에는 접속어미를 설정하고 있지만 내포문에는 생성문법의 유입 이후 보문자(complementizer)를 따로 설정하여 기술하기도 한다.31) 그러나 내포문 구성에도 어미가 관여하는 만큼 내포어미를 설정하여 내포문을 기술하는 것이 국어 복합문 구성을 체계적으로 기술하는 길이며, 보문자 같은 새로운 문법 단위를 따로 설정하지 않아도 되는 이점이 있다.32)

국어 복합문이 어미에 의해서 구성되는 것이라면, 복합문 기술의 어려움은 그대로 복합문을 이루는 어미 설정의 어려움에 있다고 말할 수 있다. 내포어미는 우리에게 어느 정도 확실한 기준을 제공하지만, 접속어미에 대한 설정은 매우 복잡하여 이를 명확히 기술하기에 많은 어려움이 있다. 국어의 내포문을 구성하는 어미로는 전성어미인 명사형 '-ㅁ',

31) 이정민, 양인석, 박병수, 남기심, 이홍배 등을 들 수 있다.
32) 권재일(1977), 서태룡(1979)에서는 내포어미를 설정하고 있다.

'-기'와 관형사형 '-ㄴ', '-ㄹ'을 설정할 수 있다.33)

국어 접속어미에 대한 논의는 高永根(1975)에서 본격적으로 이루어
졌는데, 접속어미의 분포와 기능을 중심으로 형태소 분석 가능의 한계
를 제시하였으며 공시적인 언어구조를 우선으로 하는 연구였다.

李翊燮·任洪彬(1984:260)에서는 국어문법에서 접속어미에 대한
설정은 매우 복잡하여 이를 간단명료하게 기술한다는 것은 거의 불가
능하다고 지적하고 있다.

徐泰龍(1987)에서는 통합형어미에 재분석을 시도하여 동명사형어미
'-ㅁ', '-ㄴ', '-ㄹ'과 어말어미의 통합형, 관형사형어미 '-ㄴ', '-ㄹ'
과 형식명사의 통합형은 분석될 가능성이 있다고 하였다. 이러한 분석
은 공시적인 기준에 의한 형태소 분석에서는 그 추상성이 문제점으로
지적되고 있지만, 접속어미의 형성에 나타나는 통시적 언어사실을 중
시하여 국어의 복합문 구성에 어떤 설명을 제시하려 하고 있다고 볼
수 있다. 즉 내포문 구성의 어미가 다른 요소와 형태·통사론적으로
결합·통합하여 접속어미화하고 있는 과정을 보여 줌으로써 내포문이
접속문화하였다는 통사변화의 흐름을 포착하며, 국어의 접속어미 형식
에 '-ㅁ', '-ㄴ', '-ㄹ'의 동명사형어미와 연결된 형식이 왜 그렇게 많
은지에 대한 설명을 하고 있는 것이다.34)

이상으로써 국어 복합문 기술의 문제점과 복합문을 구성하는 어미
설정의 문제에 관하여 고찰해 보았다. 확연한 선을 그어 구분할 수는

---

33) 이에 더하여 高永根(1975)에서는 '-는'과 '-던', 권재일(1977)에서는 '-는'이 설정
되어 있다. 그러나 본 논의에서는 '-던'은 '-더-'와 '-ㄴ'으로, '-는'은 '-느-'
와 '-ㄴ'으로 분석하는 입장을 취한다. 이는 형태소 분석에 통시적인 관점을 고려
하며, 기원적으로 '-ㅁ', '-ㄴ', '-ㄹ'의 동명사형 어미 체계를 유지하려는 의도에
서이다.

34) 徐泰龍(1987)에서는 동명사형어미와 다른 요소로 분석이 가능한 어미로 '-으나', '-으
니', '-으며', '-으러', '-으려고', '-은데', '-은들', '-을망정', '-을수록'을 들고 있고,
李翊燮·任洪彬(1984)에서는 '-으므로', '-으매', '-은지라', '-을쎄', '-기에', '-기로
서니', '-은들', '-을지라도' 등을 동명사형과의 결합형으로 설명하고 있으며, 권 재일
(1986)에서는 '-ㄹ지', '-ㄴ지', '-기에', '-기로' 등이 형태론적 구성으로 인식되지만
긴밀한 통합관계를 이룬 통사론적 구성으로 설명되고 있다.

없지만 국어 복합문은 내포문과 접속문으로 이루어지며, 복합문 구성
에는 모두 어미가 관여하므로 접속어미뿐만 아니라 내포어미도 설정되
어야 함을 논하였다.

또한 동명사형어미인 '-ㅁ', '-ㄴ', '-ㄹ'이 내포어미로서 다른 요소
와 결합하여 많은 형식의 접속어미를 구성하고 있음을 보았는데 이는
국어의 활용어미의 체계가 동명사형어미를 기원으로 하고 있음을 짐작
하게 한다. 본 논의의 관심은 복합문 구성에서의 동명사형어미 '-ㅁ',
'-ㄴ', '-ㄹ'에 있다. 선어말어미 '-오-'는 다름 아닌 동명사형어미 '-
ㅁ', '-ㄴ', '-ㄹ' 앞에만 나타나기 때문이다.

3.2. 중세국어 명사구내포문에서의 '-오-'의 기능

국어 복합문의 연구가 등위접속문과 종속접속문의 설명에서 내포문
과 접속문의 설명으로 진행되고 있는 것은 생성문법의 연구와 軌를 같
이 하고 있는 것이라고 할 수 있다. 생성문법에서는 상위문이 하위문
을 직접지배하는 것을 접속(conjoining)으로, NP(Noun Phrase)나
VP(Verb Phrase)에 의해 간접지배하는 것을 내포(embedding)로 설명
한다.

내포문을 명사구(NP)에 의한 것과 동사구(VP)에 의한 것으로의 구분
은 Rosenbaum(1967)에서 본격적으로 논의되었다.[35] Rosenbaum
(1967)은 내포문 구성을 명사구보문(NP complementation)과 동사구
보문(VP complementation)으로 二分하여 기술하는데, 이는 내포문
기술의 일반성과 간결성의 포착을 위한 것이었다고 볼 수 있다.

이러한 일반성과 간결성은 생성이론의 문법기술에 있어서의 목표이
기도 하다. 즉 '명사 - 명사구 - 명사절'을 같은 NP로 처리한다든지,

---

35) 국어문법에서는 권재일(1977:10-11)에서 국어의 내포문 구성을 명사구내포문과 동
사구내포문으로 구분하여 설정해야 하는 타당성에 대한 설명을 하고 있다.

VP와 구분되는 NP에 해당하는 구성을 함께 기술할 수 있게 하는 것 등은 생성문법의 이러한 기술 태도에 의한 것으로 볼 수 있다.36)

본 연구에서도 NP 구성의 일반화를 꾀할 수 있다는 관점에서 국어의 내포문을 명사구내포문과 동사구내포문으로 나누는 입장을 취한다.37) 이렇게 함으로써 국어문법에서 전통적으로 구분하여 기술하였던 명사절과 관형절을 함께 기술하여 그 통사상의 공통성을 인식할 수 있게 하기 때문이다. 즉 명사절의 명사화와 관형절의 관형화구성은 명사구(NP)라는 동일한 통사기능을 수행하여 명사구내포문으로 함께 설명될 수 있는 것이다.38)

또한 이러한 설명은 국어의 동명사형어미 '-ㅁ', '-ㄴ', '-ㄹ'이 기원적으로 통사성분상 공통성을 갖는 어미이었음을 포착할 수 있게도 하여 주며, 특히 중세국어에서는 이들 어미에 선어말어미 '-오-'가 공통적으로 선접된다는 사실은 이들을 동일한 통사범주로 설정하는 데에 정당성을 제공해 준다고 할 수 있다.

本章에서는 중세국어의 동명사형어미 '-ㅁ'이 구성하는 명사절과 '-ㄴ', '-ㄹ'이 구성하는 관형절이 모두 명사구내포문을 이루는 것을 보이고 이 두 구성에 필수적으로 선어말어미 '-오-'가 나타난다는 언어사실을 중시하여 중세국어 명사구내포문에서의 '-오-'의 통사적 기능을 구명하려 한다.

동명사형어미 '-ㅁ', '-ㄴ', '-ㄹ'은 일찍부터 국어와 알타이어와의 비교 연구에서 동명사형어미로 확인된 것들로서 이들은 동사(서술)의 기능을 가지면서 명사(체언)의 기능을 가지고 있는 것으로 파악되고 있다. 후에 '-ㄴ', '-ㄹ'은 관형사적 기능을 갖게 되었을 것으로 보고 있다. '-ㅁ'과 '-ㄴ', '-ㄹ'이 중세국어에서 동계열의 동명사형어미였

---

36) 그러나 이러한 기술태도는 앞에서 지적한 대로 끝없는 추상성, 일반성에 대한 한계 설정의 문제를 남기고 있다. 언어의 보편성 원리만으로 해결되지 않는 개별언어의 특수성이 존재하기 때문이다.

37) 여기서 명사구는 엄밀하게는 體言句를 의미하고 동사구는 敍述句를 의미한다.

38) 권재일(1985:24-5)에서도 이들이 동일하게 명사구로서 기능하므로 명사구내포문으로 함께 기술되었다.

는가에 대해서는 의문을 제기할 수 있다. 중세국어에 이미 '-ㄴ', '-ㄹ'은 관형사적 기능이 일반적인 기능이었기 때문이다. 그 밖에 시제성과 관련하여서도 '-ㅁ'에서 이미 시제를 파악하기 어려운 반면, '-ㄴ', '-ㄹ'에서는 이를 파악할 수 있기 때문이다.39) 그러나 중세국어에도 이들의 명사적 기능이 남아 있는 것이 많은 연구에서 확인되고, 알타이어군에서도 '-ㄴ', '-ㄹ'의 명사적 기능과 함께 관형사적 기능이 확인되므로 이들을 기원적으로 '-ㅁ'과 함께 국어의 동명사형어미를 이루는 동계의 어미로 볼 수 있다.40)

韓榮均(1984)에서는 제주 방언의 '-ㄴ'이 갖는 기능이 '附加名詞化素'로서 명사적 기능을 갖고 있음을 설명하며, 형태론적 구성인 합성어 형성에서 '-ㄴ', '-ㄹ'이 명사화의 기능을 가진 것이 아닌가를 검토해 볼 필요가 있다고 하였다.41)

복합문 구성에 어미가 관여하는 국어문법에서는 서술적 기능과 명사적 기능의 두 기능을 가진 동명사형어미가 명사구내포문을 구성하는 어미가 된다. 전통적으로 '-ㅁ', '-ㄴ', '-ㄹ'은 두 자격을 갖는 어미(자격법) 혹은 전성어미로 기술되었으나 이들은 명사형어미, 관형형어미로 각각 독립되어 기술되었으며 이 둘 사이의 공통적 기능에 대하여는 별로 기술된 바가 없다. 그러나 이들이 기원적으로 동류의 동명사형어미였다는 것과, 똑같이 선어말어미 '-오-'를 취하여 통사상 명사구(NP)를 구성한다는 것은 이들이 간과할 수 없는 공통성을 가지고

---

39) 중세국어의 '-ㄴ', '-ㄹ'이 온전한 의미에서 동명사어미인가에 대하여는 任洪彬(1982)에서 문제점이 제기되어 있다.

40) 金武峰(1987)에서는 명사적 기능으로서의 '-ㄴ', '-ㄹ'이 중세국어에서 특수한 환경에서만 출현함으로써 위축된 분포를 하고 있음을 밝히고, 튀르크, 몽고, 퉁구스 諸語에서 '-ㄴ', '-ㄹ'이 명사적 기능과 함께 부가어적 기능을 가지고 있는 용례를 보였다.
  -그딋 혼 조초ᄒᆞ야(석상6:8)
  -ᄀᆞ른치샨 다비 修行ᄒᆞ야(월석14:62)
  -슬픐 업시 브르ᄂᆞ니(두시25:53)
  -아니ᄒᆞᆯ 아니ᄒᆞ시니(금삼5:10)
  즉 '-ㄴ', '-ㄹ'의 명사적 용법이 '조초', '다비' 같은 제한된 語類와 부정어 앞에만 나타난다.

41) 韓榮均(1984:249)에서 '볶은밥'과 '볶음밥'에서 '-ㄴ'과 '-ㅁ'은 동일한 기능을 가진 동명사어미로 분석될 수 있다고 하였다.

있음을 말해 준다.

본 연구는 '-ㅁ', '-ㄴ', '-ㄹ' 앞에 '-오-'가 공통적으로 선접된다는 사실과 이들이 공통적으로 절을 이루어 명사구내포문을 구성한다는 사실에 주목하여 중세국어의 선어말어미 '-오-'를 명사구내포문을 구성하는 내포선어말어미로 규정한다. 즉 중세국어의 명사구내포문에서는 '-ㅁ', '-ㄴ', '-ㄹ'과 '-오-'는 통사적 기능을 각각 달리 했었는데 '-오-'가 소멸하면서 '-오-'가 가진 기능을 '-ㅁ', '-ㄴ', '-ㄹ'에 넘겨주어 '-ㅁ', '-ㄴ', '-ㄹ'은 그 본래의 기능 외에 '-오-'의 기능까지를 흡수해 버렸을 가능성이 큰 것이다.42) 이것은 확연한 통사변화의 한 양상이며 그 변화로 인하여 현대국어에서는 '-ㅁ', '-ㄴ', '-ㄹ'이 단순한 명사형, 관형사형어미로 기능할 때와 절을 이루어 명사구내포문을 구성하는 명사화, 관형사화로서의 통사기능을 수행할 때 구별이 없어진 것이라고 할 수 있다.

이 곳에서는 중세국어의 명사구내포문을 자료를 통하여 분석해 보고 '-오-'가 나타나는 구성과 '-오-'가 나타나지 않는 구성을 비교함으로써 '-오-'가 명사구내포문 구성에 관여하는 선어말어미임을 확인하게 될 것이다. 명사구내포문은 하위문이 단독으로 명사구(NP)를 이루는 명사화구성과 수식받는 명사와 함께 명사구(NP)를 이루는 관형화구성으로 나누어 볼 수 있다. 중세국어에서 명사화구성은 선어말어미 '-오-'와 명사형어미 '-ㅁ'에 의하며, 관형화구성은 선어말어미 '-오-'와 관형사형어미 '-ㄴ', '-ㄹ'에 의한다. 이 때 '-오-'의 선접은 필수적이다.

전통적으로 규정된 절 중에서 명사절, 관형절, 인용절이 명사구내포문을 구성하는데 이를 명사화구성, 관형화구성, 인용문구성 등으로 나누어 분석해 본다.43) 인용문구성은 명사구(NP)에 내포될 때 결국 명

---

42) 沈在箕(1980:91)에서는 '-오-'가 소멸할 때 '-오-'가 수행하던 의미기능을 '-ㅁ'에 넘겨 주지는 않았을까 하는 의문을 던지고 있다.

43) 남기심·고영근(1985:373)은 절의 종류로 명사절, 서술절, 관형절, 부사절, 인용절을 들고 있다.

사화나 관형화의 절차를 거치지만 전통적인 방식에 따라 이를 분류해
서 고찰해 보는 것이다.

3.2.1. 명사화구성

명사화란 원래 명사가 아닌 것이 명사 혹은 명사적 성질을 갖게 되
는 구성을 말하는데 어휘화하는 경우와 통사적 기능만이 명사적으로
되는 경우가 있다. 국어문법에서는 일찍이 이를 전성명사와 명사형으
로 구분하였다.

생성문법에서 명사화란 특히 후자의 경우, 즉 기저의 한 문(S)이 명
사구(NP)를 구성하면서 내포되는 통사적 절차를 가리키는데 전통문법
에서의 명사절의 안김을 말한다. 내포된 명사절은 전체문에서 명사(체
언)와 동일한 통사적 기능을 수행하게 된다. 즉 뒤에 조사가 오며 주
어, 목적어, 보어, 부사어 등의 문장성분이 되는 것이다.

중세국어에서는 이러한 두 종류의 명사화가 달리 실현되는데 명사절
로서 내포문을 구성할 경우 선어말어미 '-오-'가 필수적으로 나타난
다. 本章에서는 이'-오-'의 기능 규명을 위하여 15세기 중세국어 자료
에서 '-오-'가 선접된 명사화구성을 결합된 조사에 따라 분류하여 본
다. 15세기에는 아직 '-오-'의 출현이 규칙성을 유지하고 있으므로 이
의 검토를 우선적으로 한다. 기저의 한 문(S)이 명사구(NP)를 구성하
면서 내포되는 통사적 구성을 명시하기 위하여 직접구성성분으로 분석
해 본다.

1) 온

(1) [[어버싀 子息 ᄉᆞ랑호ᄆᆞᆫ]S]NP 아니ᄒᆞᆫ ᄉᆞᅀᅵ어니와(석상6:3)
(2) [[夫人이 며느리 어드샤ᄆᆞᆫ]S]NP 溫和히 사라...(석상6:7)
(3) [[衆生이 모매 드로ᄆᆞᆫ]S]NP 衆生ᄋᆡ 歸依홀 ᄯᅡ히 두욀 느지오(월석1:18)
(4) [[法王이 法 니ᄅᆞ샤ᄆᆞᆫ]S]NP 倈理 이셔 어즈럽디 아니ᄒᆞ시니(능엄1:18)

(5) 〔〔窮子ㅣ...ᄲᆞᆯ리 ᄃᆞ로ᄆᆞᆫ〕S〕NP 처ᅀᅥᆷ 華嚴 니ᄅᆞ샤ᄆᆞᆯ 正히 가ᄌᆞᆯ비고(법1:15)
(6) 〔〔諸佛의 닷가 證ᄒᆞ샤ᄆᆞᆫ〕S〕NP 이ᄅᆞᆯ 證ᄒᆞ시고 ᄯᅩ 말ᄒᆞ야며(법1:4)
(7) ᄆᆡ샹 보ᄃᆡ 〔〔잘호미 어려우ᄆᆞᆫ〕S〕NP 經이 어려운 디 아니라(법1:8)
(8) 〔〔ᄆᆞᅀᆞ미 解脫 몯호ᄆᆞᆫ〕S〕NP ᄆᆞᅀᆞᆷ 降티 몯ᄒᆞᆫ 다시니(금삼2:4)

2) 이 ①

(9) 〔〔羅雲이 出家호미〕S〕NP 부텻 나히 셜흔셰히러시니(석상6:11)
(10) 道ㅣ 〔〔더 크니 업스샤미〕S〕NP 無上이오(법1:37)
(11) 〔〔諸法이...空호미〕S〕NP 곧 性이니(원각서:27)
(12) 〔〔諸佛ㅅ 證ᄒᆞ샤미〕S〕NP 이ᄅᆞᆯ 證ᄒᆞ시며(원각서:6)
(13) 〔〔一切 衆生이 能히 보디 몯호미〕S〕NP 뎌 寶藏ᄋᆞᆯ…(원각서:43)
(14) 〔〔너의 어미 그레 호미〕S〕NP 샹녯 ᄠᅳ데…(지장:10)
(15) ᄆᆞᆯᄀᆞᆫ 性에 〔〔흐린 ᄆᆞᅀᆞᆷ 니러 :나미〕S〕NP 濁이라(월석1:16)
(16) 〔〔一切 셔디 아니 호미〕S〕NP 이 眞實ㅅ 首楞嚴畢竟堅固ㅣ라(능엄1:8)
(17) 〔〔理ㅣ 玉과 돌콰ᄋᆡ 달오미〕S〕NP 업수ᄃᆡ(내훈서:3)

3) 이 ②[44]

(18) 여러가짓 三昧ㅅ...아로미 〔〔大將의...아로미〕S〕NP 곧ᄒᆞ니라(능엄서:4)
(19) (世尊이)....녀시ᄂᆞ니 〔〔轉輪王ᄋᆡ 녀샤미〕S〕NP ᄀᆞᄐᆞ시니라(석상6:23)
(20) 그 모미 주거도 〔〔아디 몯 호미〕S〕NP 곧ᄒᆞ니 슬프다(내훈1:20)
(21) 그려기 塞北ᄋᆞᆯ ᄉᆞ랑ᄒᆞ며 〔〔져비 녯깃 ᄉᆡᆼ각호미〕S〕NP 곧ᄒᆞ니(금삼2:6)

4) ᄋᆞᆯ/을

(22) 〔〔羅雲이...法 드로ᄆᆞᆯ〕S〕NP 슬히 너겨 ᄒᆞ거든(석상6:10)
(23) 四空處ㅣ 〔〔業果色 업수ᄆᆞᆯ〕S〕NP 아ᄅᆞᇝ 디로다(월석1:36)
(24) 오직 〔〔ᄆᆞᅀᆞᄆᆡ 지소ᄆᆞᆯ〕S〕NP ᄇᆞᆯ기시고(능엄1:21)

---

44) '이①'은 主格, '이②'는 比較格으로 구분된다.

(25) 〔〔모든 行홇 사ᄅ미 ᄆ숨 시소몰〕S〕NP 正히 아니ᄒᆞ야(능엄1:22)

(26) 〔〔法이 심기샨 ᄃᆡ 이쇼몰〕S〕NP 證홇 ᄯᆞ르미라(능엄1:23)

(27) 〔〔小乘이 大乘 功德法 쳔량 업수믈〕S〕NP 가줄비시니(법1:6)

(28) 오직 〔〔世人이 제 性 보디 몯호몰〕S〕NP 爲ᄒᆞ샤(금강서:5)

(29) 如來ㅅ 니ᄅ샨 善法은 〔〔凡夫의 不善ᄒᆞᆫ ᄆ숨 더루몰〕S〕NP 爲ᄒᆞ시니(금강서:6)

(30) 圓覺妙場애 便安히 안자 〔〔ᄒᆞᆫ 비의 저지샨몰〕S〕NP 窮究ᄒᆞ며(원각서:8)

(31) 〔〔我와 人괘 업수믈〕S〕NP 알면 뉘 그 우루믈 바ᄃ리오(원각서:53)

(32) 〔〔念이 낼며 念이 滅호몰〕S〕NP 生死ㅣ 라 니ᄅ니(법어:26)

(33) 〔〔힘뿌미 겨구몰〕S〕NP 아라든 歡喜롤 내디 마롤디니(법어:14)

(34) 〔〔그려기는 塞北에 노로몰〕S〕NP ᄉ랑ᄒᆞ고(금삼:6)

(35) 내 이제 ᄒᆞ마 〔〔觀世音菩薩이 나롤 授記ᄒᆞ샨몰〕S〕NP 닙ᄉ와(관음하:35)

(36) 〔〔이 官人의 :오몰〕S〕NP 기드리더니(관음하:37)

(37) 이 ᄀᆞᆮᄒᆞᆫ 사ᄅᄆᆞᆫ 샹녜 〔〔轉輪王ㅅ 福 ᄀ조몰〕S〕NP 得ᄒᆞ리라(관음상:29)

5) 이라

(38) 이ᄂᆞᆫ 〔〔衆生 諸佛의 처ᅀ엄 내죵올 現ᄒᆞ샨〕S〕NP 이라(법1:64)

(39) 〔〔聖人ㅅ 說法이 처ᅀ엄과 내죵괘 ᄒᆞᆯ쎄욤〕S〕NP 이샤(법1:15)

(40) 뎌 ᄀ새 다ᄃ르샤ᄆᆞᆫ 〔〔나ᅀ가샤미 實ᄒᆞ샴〕S〕NP 이니(법1:39)

(41) ᄆᄉ미 〔〔슬믜욤 업슘〕S〕NP 이오(법1:25)

(42) 阿鼻ᄂᆞᆫ 예셔 닐오매 〔〔쉴 ᄯᄉᆡ 업슘〕S〕NP 이니(법1:62)

(43) 〔〔디장보살이 셩문벽디블찌에 이슘〕S〕NP 이ᄯ녀(지장:7)

(44) 不退位예 住ᄒᆞ샤ᄆᆞᆫ 〔〔이 道롤 得ᄒᆞ샤 몸가지샴〕S〕NP 이오(법1:39)

6) 애/에

(45) 〔一切 衆生이 無始부터 :오매〕S〕NP 生死ㅣ 서르 니수미…(능엄1:43)

(46) 업수메 니르러 〔〔實相이 구더 허디 아니 호매〕S〕NP 니를에 ᄒᆞ시니(능엄147:9)

(47) 〔〔衆生과 부텨왜 本來 두시며 ᄣᅥ디여 變호매〕S〕NP 다ᄅ디 아니ᄒᆞ니

(법1:3)

(48) 慈로 몸 닷ㄱ샤묜 〔〔ᄠᅳ디 너비 濟度ᄒᆞ매〕S〕NP 겨시고(법1:39)

(49) 〔〔金이 山中에 이쇼매〕S〕NP 山이 이 보빈둘 아디 몯ᄒᆞ며(금강서:7)

(50) 〔〔그리맷 像이 업수매〕S〕NP 미츤 後에ᅀᅡ 得ᄒᆞ니(원각서:13)

(51) 〔〔이 디장보살이 구원겁부터 오매〕S〕NP ᄒᆞ마 도탈ᄒᆞ며(지장:6)

(52) 〔〔그ᄃᆞ와 ᄒᆞ가지로…안조매〕S〕NP(금삼3:53)

(53) 〔〔이 사ᄅᆞ미 住커나 눕거나 ᄒᆞ매〕S〕NP 샹녜 부텨롤 보ᄉᆞ오ᄃᆡ(관음
상:29)

(54) 〔〔己利롤 得ᄒᆞ매〕S〕NP 미처ᅀᅡ 어루 人天福 바티 두외릴ᄉᆡ(법1:25)

　7) ᄋᆞ로/으로

(55) 〔〔法華ㅣ　燈明브터 :오ᄆᆞ로〕S〕NP(능엄1:17)

(56) 受苦홀 싸ᄅᆞ미 各各 〔〔罪이 져그며 쿠ᄆᆞ로〕S〕NP 劫數를 디내ᄂᆞ니
(월석1:29)

(57) 金剛經은 〔〔相 업수ᄆᆞ로〕S〕NP 宗사ᄆᆞ시고(금강서:5)

(58) 〔〔相 이슈ᄆᆞ로〕S〕NP 사ᄅᆞ몰 놀래디 아니ᄒᆞ며(금삼3:42)

(59) 〔〔機ㅣ 곧디 아니 ᄒᆞ모로〕S〕NP 法이 ᄯᅩ 一定ᄒᆞ미 업스니(금삼
2:40)

(60) 〔〔거즛말 아니 ᄒᆞ모로브터〕S〕NP 비르솔 디니라(내훈1:14)

　8) ∅[45]

(61) 法 무러 ᄆᆞ숨 마조미 〔〔바놀와 芥子왜 서르 마좀〕S〕NP 곧ᄒᆞ니라
(원각서:70)

(62) 一切 衆生이 能히 보디 몯호미 〔〔뎌 寶藏올 艱難ᄒᆞᆫ 사ᄅᆞ미 아디
몯홈〕S〕NP 곧ᄒᆞ니(원각서:43)

(63) 됴ᄒᆞᆫ 무리…아니 호미 〔〔三觀諸佛둘홀 븓디 아니홈〕S〕NP 곧
ᄒᆞ니라(원각서:58)

---

45) 主로 '곧ᄒᆞ다' 앞에서 비교격조사가 생략된다.

(64) 〔〔寂滅호미 제 머리 버흄〕S〕NP 곧호야 フ료무로 フ료물 滅호야
(원각서:57)

(65) 이 사른미…샹녜 부텨롤 보수오딕 〔〔눈 알픽 對홈〕S〕NP 곧호야
(관음상:29)

(66) 뷘 딕 드로딕 〔〔사롬 의숌〕S〕NP 곧히 홀 디니라(내훈1:8)

9) 기타 (과, 만, 브뎌, 도, 오란)

(67) 〔〔衆生이 복이 쥬의그에셔 :남과〕S〕NP 나디 바틱셔 :남과 フ툴씨
(석상6:19)

(68) 〔〔부텨 向호수바 호 거름 나소 거룸만〕S〕NP 몯호니라(석상
6:20)

(69) 〔〔達磨ㅣ 西로 오샴브터〕S〕NP 이 經ㅅ 뜨들 爲호야 傳호샤(금강
서:5)

(70) 〔〔岐山 올무샴도〕S〕NP 하눓 뜨디시니(용가4)

(71) 〔〔報身化身이 수므며 現호무란〕S〕NP 더뎌 두고(금삼2:25)

위의 예들은 명사절을 내포하여 명사구내포문을 구성하고 있다. 내
포된 절은 주어와 동사를 갖추어 독립되어 사용될 경우 문(S)의 자격
을 가진 것들이다. 대부분 주어가 명시되어 있지만 표면에 주어가 생
략된 경우도 있다.[46] 이러한 구성에서 명사형어미 '-ㅁ' 앞에 '-오-'
가 필수적이라는 것을 우리는 확인할 수 있었다. 종래 국어문법에서
이들은 명사형으로 기술되었으며 다음과 같이 전성명사와 구분되었다.

(72) 됴호 여름 여루미(월석1:12)
(73) (네)… 부텨 向호수바 호 거름 나소 거룸만 몯호니(석상6:20)

즉 '여름', '겨름'은 전성명사로, '여룸', '거룸'은 동사의 명사형으

---

46) Jespersen(1933:339)에서는 Infinitive-Nexus의 주어에 대하여 일반적인 사람, 서술동사
와 동일한 주어, 문맥에서 확실한 주어 등을 들고 있다. 국어의 내포문 구성에서도 이
러한 주어는 생략되는 수가 많다.

로 구분하면서 전자의 '-ㅁ'은 명사 파생접미사로, 후자의 '-ㅁ'은 '-오-'를 항상 수반하는 동명사형어미로 분석하였다. 이러한 분석은 '-오-'의 기능을 철저히 구명하지 않은 채 파생접미사와 동명사형어미의 구분에 넘겨 버린 분석이라고 지적할 수 있다. '여름, 거름'과 '여룜, 거룜'의 '-ㅁ'은 기원적으로 같은 형태소였음이 분명하다. 그러므로 '여름'과 '여룜', '거름'과 '거룜'의 차이는 '-오-'의 有無에 의한 것이다. 즉 '-ㅁ'의 기능은 용언을 명사화하는 것이고, '-오-'의 기능은 '여름이 열다', '네...걷다'라는 基底의 문(S)을 내포화시키는 것이다. '-오-'의 변별적 기능을 뚜렷이 함으로써 '-옴'에서 '-오-'를 분석해 낼 수 있는 것이다.

중세국어 명사화구성에서 우리는 또 다른 한 형태를 찾을 수 있다. 선어말어미 '-오-'가 선접되어 있으면서 내포문을 구성하지 않고 전성명사가 되는 다음과 같은 예들이다.

(74) 人生 즐거븐 뜨디 업고 <u>주구믈</u> 기드리노니(석상6:5)

(75) 因 업스며 行 업스며 <u>닷곰</u> 업스며 證 업스며(능엄1:8)

(76) 一切 功德을 일워 간 고대 <u>그료미</u> 업ᄂ니라(금강:10)

(77) <u>아로미</u> 쉬우며 어려우미 이실식(원각서:47)

(78) ᄒ오ᅀᅡ <u>우ᅀᅮ믈</u> 우ᅀᅡ(월곡:168)

(79) 妻眷 두외여 <u>셜부미</u> 이러ᄒ쎠(월곡:143)

(80) <u>사로미</u> 이러커늘ᅀᅡ 아돌올 여희리잇가(월곡:143)

(81) <u>봄고미</u> 내죵내 다ᄋ디 아니호미 곧ᄒ니라(능엄서:5)

(82) 예셔 닐오매 <u>깃부미오</u>(법1:47)

(83) <u>우룸</u> 쏘리 즐게 나마 가며(월석1:27)

이러한 형태는 원래는 내포문을 구성하던 것이었는데 사용의 빈도가 많아짐에 관용적으로 굳어져 전성명사화한 것으로 볼 수 있다. 실제로 이러한 형태 중에는 '사롬, 주굼, 우숨, 우룸, 깃붐, 셜봄' 등 인간생활과 가장 밀접한 관계를 갖는 어휘들이 많은 것이다. 이 때의 '-오-'는 내포문을 구성하는 기능을 하지 않고 화석화하여 남아 있는 형태인 것이다.

국어의 명사화구성에는 '-ㅁ'에 의한 것 외에 '-기'에 의한 것이 있다. 15세기국어에서도 '-기' 형태를 찾아 볼 수 있는데 '-ㅁ'에 비하여 매우 위축된 출현을 보인다.

(84) 남진 어르기롤 ᄒᆞ며(월석1:44)

(85) 부텨 供養ᄒᆞ기 싸예(석상23:3)

(86) 가야미 사리 오라고 몸닷기 모ᄅᆞᄂᆞᆫ 돌(월곡170)

(87) 그 머근 後에싀 몰보기롤 ᄒᆞ니(월석1:43)

(88) 布施ᄒᆞ기롤 즐겨(석상6:13)

(89) 오직 절ᄒᆞ기롤 ᄒᆞ야(석상19:30)

(90) 믈 求ᄒᆞ기 몰롬 곧ᄒᆞ니라(법4:91)

'-기'에 의한 명사화구성은 16세기 문헌에서부터는 그 용례도 많아지고 내포문구성에도 참여하게 되지만 15세기국어에서는 찾아 볼 수 있는 예가 적고 내포문구성의 기능을 가지고 있다고 말하기는 어렵다. 許雄(1975:636)에서도 '-기'는 파생의 접미사에서 그 생산성을 획득하여 활용어미로 변화했을 가능성이 짙은 것으로 보고 있다. 실제 자료에서 '-기'에 의한 구성에는 주어가 나타나는 예가 드물고, 이들이 절을 이루어 내포문을 구성하는 기능을 가진 예를 찾기가 어렵다.

그 밖에 許雄(1975:637)에서는 '디'와 '둘'을 명사형어미로 포함시키고 있으나 이들은 의존명사로서 관형화구성에 참여하므로 제외한다. 그러므로 15세기국어에서 명사화구성을 이루는 어미로는 '-ㅁ'과 '-기'에 한정되며 내포문을 구성할 수 있는 어미는 '-ㅁ' 뿐이다. '-ㅁ'은 내포문을 구성할 때 선어말어미 '-오-'를 필수적으로 취하며 '-오-'는 내포문구성의 표지인 것이다.

3.2.2. 관형화구성

관형화란 국어에서 관형사가 아닌 것이 명사 앞에 놓여 수식 기능을 갖게 되는 구성을 말하는데 명사가 관형형으로 기능 변화를 하는 명사의 관형화와 동사가 관형형으로 기능 변화를 하는 동사의 관형화가 있다.47) 이곳에서는 관형형어미 '-ㄴ', '-ㄹ'에 의한 동사의 관형화를 논할 것이며, 관형절을 이루어 명사구내포문을 이루는 구성과 절을 이루지 못해 내포문을 이루지 못하는 구성이 중점적으로 논의될 것이다. 이러한 구성의 차이는 '-오-'의 출현 여부와 직결되기 때문이다.

전통적으로 국어문법에서 관형형어미 '-ㄴ', '-ㄹ'에 의한 절은 관형절이 되며 더 이상의 통사상의 구분을 하지 않았었다. 생성문법의 도입 이후 국어의 관형절이 관계화와 보문화로 구분되어 기술되었다. 관계화와 보문화는 한 절이 뒤의 명사를 수식하여 내포문을 구성하며 이때 '-ㄴ', '-ㄹ'을 취한다는 점에 공통점이 있으나 수식하는 절과 수식받는 명사와의 관계에 차이가 있는 것이다. 즉 기저의 두 문(S)에 공통된 명사(NP)가 있으면 관계화이고 그것이 없으면 보문화이다.48)

이 곳에서는 중세국어의 관형절을 관계화구성과 보문화구성으로 구분하여 분석하며 이 두 구성 모두가 내포문을 구성할 때 선어말어미 '-오-'를 취한다는 사실을 확인하게 될 것이다.49)

1) 관계화

(91) 〔〔내 犯혼〕S 일〕NP 업거눌(월석13:16)
(92) 〔〔나랏 衆生이 니불〕S 오시〕NP 무수매 머거든(월석8:65)
(93) 大雲輪請雨經은 …〔〔부톄 니르샨〕S 經〕NP 이라(석상6:43)
(94) 沙門은 〔〔누미 지순〕S 녀르믈〕NP 먹느니이다(석상24:22)
(95) 나는 〔〔부텻 스랑ᄒ시논〕S 앛〕NP 이라(능엄1:86)
(96) 〔〔菩薩이 前生애 지손〕S 罪로〕NP 이리 受苦ᄒ시니라(월석1:5)

---

47) 沈在箕(1979:109)참조.
48) 補文의 용어는 생성문법의 도입 과정에서 다소 혼동되어 쓰였다. 넓은 의미로는 관계절을 제외한 모든 내포문을 가리키고 (명사절,부사절 포함), 좁은 의미로는 관형절 중에서 관계절을 제외한 것을 가리킨다. 이 곳에서는 후자의 의미이다.
49) 高永根(1987:283)에서도 '-오-' 관형사형은 피한정명사가 관계명사나 동격명사가 될 때 쓰인다고 지적한 바가 있다.

(97) 〔〔제 머군〕S 쁘드로〕NP 고본 거시 두외야 뵈며(월석1:32)

(98) 〔〔諸佛ㅅ 니르시논〕S 經法을〕NP 듣ㅈ오며(법1:62)

(99) 이논 〔〔ㄱ개 아르시고 놈 알외시논〕S 德〕NP 이라(법1:39)

(100) 너희돌이 다 내 말와 〔〔諸佛 니르샨〕S 마롤〕NP 信受홇 디니라
    (아미타:25)

(101) 〔〔내 니르논〕S 四山은〕NP 곧 이 衆生이 生老病死ㅣ라(원각서:27)

(102) 〔〔네 아논〕S 사르미〕NP 왼 이롤 니르디 말며(내훈1:8)

(103) 〔〔제 모미 ㅎ마 아논〕S 이리〕NP 젹고 누믜 빈홈 이쇼물 아쳘시
    라(내훈1:29)

(104) 〔〔見과 聞과 覺과 知와ㅣ 아릭브터 바다쓰논〕S 家風〕NP 이며
    (금삼2:19)

(105) 〔〔부텨 니르시논〕S 밧〕NP 法이(금삼2:37)

(106) 〔〔普賢ㅅ ㄱ르치샨〕S 마롤〕NP 親히 感動ㅎ야(금삼2:67)

(107) 〔〔이 내 前身이 思議 몯홀〕S 福德因緣으로〕NP(관음상:25)

(108) 舍利弗이 〔〔須達이 밍ㄱ론〕S 座애〕NP 올아 안거늘(석상6:30)

(109) 〔〔내 네 아비 곧ㅎ야 나혼〕S 아돌〕NP 곧ㅎ니라(원각서:47)

(110) 〔〔뎌 사르믹 뒷논〕S 一切煩惱ㅣ〕NP 마가 ㅎ는 이리 이디 아니ㅎ며
    (관음상:28)

(111) 내 〔〔네 禮數ㅎ논〕S...如來〕NP (이)로니(월석21:22)

(112) 〔〔艱難ㅎ니 즐기논〕S 法으로〕NP 衆生度脫 ㅎ샤미니(법2:258)

(113) 〔〔諸法이 비론〕S 일후믿둘〕NP 아논 衆生 爲ㅎ야(월석8:29)

(114) 舍利弗이 〔〔네 이 새롤 實로 罪 지손〕S 果報이〕NP 난 거시라
    (아미타:11)

(115) 〔〔孔戲이 義ㅎ요매 즐기논〕S 일〕NP ㄱ티ㅎ야(내훈1:32)

  2) 補文化

(116) 〔〔니롤 싸르미 律 도오샨〕S 쁘들〕NP 根源티 아니ㅎ고(능엄1:18)

(117) 실로 〔〔서르 도아 發ㅎ샨〕S 젼차로〕NP (법1:14)

(118) 〔〔믈읫 사르미뼈 사롬 두외옛논〕S 바논〕NP (내훈1:17)

(119) 〔〔須達이 버릇 업숟〕S 주를〕NP 보고(석상6:21)

(120) 〔〔네 사룸 ᄒᆞᆫ논〕S 양ᄋᆞ로〕NP 禮數ᄒᆞᅀᆸ고(석상6:21)

(121) 바ᄅᆞ래 누분 이론 〔〔네 죽사릿 바ᄅᆞ래 잇논〕S 양〕NP 이오(월석 1:17)

(122) 이 소리 드르닌 自然히 〔〔다 念佛 念法 念僧홀〕S ᄆᆞ수믈〕NP 내ᄂᆞ니(아미타:12)

(123) 〔〔이 부텨 두외욜〕S 길〕NP 히니(금강서:9)

(124) 이 각시ᅀᅡ 〔〔내 얼니논〕S ᄆᆞ수매〕NP 맛도다(석상6:14)

(125) 〔〔버건 六根이 미즌 것 그르논〕S 次第를〕NP 뵈샤(능엄1:21)

(126) 〔〔能히 이긔여 맛돌 배 아니론〕S 젼ᄎᆞ〕NP (이)니라(금삼3:49)

(127) 〔〔善現이 奇特ᄒᆞᆫ〕S 아ᄎᆞᆫ〕NP 그 聲敎를 기드리디 아니ᄒᆞ야(금삼2:8)

(128) 〔〔眞如法이 ᄒᆞ나히론〕S 주를〕NP 實다히 아디 몯홀씨(능엄4:13)

(129) 〔〔이 法도 다 ᄒᆞᆫ 佛乘이론〕S 젼ᄎᆞ로〕NP(석상13:55)

(130) 〔〔衆生돌히 種種欲애 기피 貪着ᄒᆞᆫ〕S 주를〕NP 아라(석상13:55)

(131) 〔〔사ᄅᆞ미 漸漸 邪曲ᄒᆞ야 모딘 일 지순〕S 다ᄉᆞ로〕NP(월석1:46)

(132) 〔〔부텻 出現ᄒᆞ샤 說法ᄒᆞ시논〕S ᄠᅳᆮ〕NP 아ᄉᆞ와(법2:156)

(133) 〔〔내이 覺了能知ᄒᆞ논〕S ᄆᆞ수미〕NP(능엄1:57)

(134) 〔〔菩薩ㅅ 道理 行ᄒᆞ시논〕S 양도〕NP 보며(석상13:14)

위의 예들은 내포된 관형절이 수식받는 명사와 함께 명사구내포문을 구성하고 있다. 이 때 관형형어미 '-ㄴ', '-ㄹ' 앞에 선어말어미 '-오 -'의 선접은 필수적이다. 내포된 절은 주어와 동사를 갖추고 있는데 주어는 주격 혹은 속격 '-이/의', '-ㅅ'으로 실현되어 있다. 속격 실현 은 앞의 명사화구성에도 나타난 현상으로 중세국어 동명사문의 특이한 현상으로 다루어졌다.

安秉禧(1967ㄴ, 1968)에서는 동명사를 한정하는 수식어로서 체언 의 속격형을 설명하며 이 때의 체언은 동명사로 표시된 동사의 주체가 된다고 설명하였다.

李鐘徹(1968)에서는 Altai 諸語와의 공통특성으로서 종속된 同中心 的 구성에서 실현되는 'condensed form'으로 설명하였다.

李基文(1972:176)에서는 종속절의 주어가 속격형으로 변형되었다 고 보며, 李承旭(1973:65)에서는 주격적인 속격으로 구성되는 주술구성은 주격형의 통사관계와 차이를 드러내지 않으므로 이 양자는 동시대의 동일형식안에서 동직관계에 있는 대응이라고 하였다.

李珖鎬(1976)에서는 단일문장이 내포되면서 명사문이 되는 통사론적·논리적인 현상으로 주격어미의 속격어미에로의 교체를 설명하였다.

徐禎穆(1978, 1981)에서는 속격구성을 주술구조로부터의 변형으로 취급하였으며, 任洪彬(1981)에서는 변형이 가지고 있는 문제점이 지적되기도 하였다.

동명사문의 속격구성은 동명사형의 문법적 성격과 밀접한 관련이 있다고 볼 수 있다. 즉 '-ᄋᆡ/의', '-ㅅ'의 속격형은 원칙적으로 체언 사이의 통사관계를 나타내는 데에 사용된다. 이러한 속격이 동명사형 앞에 나타난다는 것은 동명사형의 체언적(명사적) 특성을 뒷받침해 주는 언어사실로 받아 들일 수 있는 것이다. 또한 통시적인 관점에서 볼 때에도 속격이 주격으로 점점 대체되어 가는데, 이는 동명사형의 명사적 특성이 약해지고 서술적 특성이 강해지는 결과로 설명될 수 있을 것이다. 그러므로 주격과 속격이 동일형식이었다거나, 속격을 주격에서의 변형으로 설명하기 보다는 동명사라는 특수성을 이해하는 방향에서 속격실현을 설명하는 것이 더 바람직하다고 할 수 있다.

또한 이러한 속격구성에 '-ㅁ', '-ㄴ','-ㄹ'이 같이 참여하는 것에서 우리는 이들 어미들의 동질성을 다시 인식할 수 있다. 중세국어에서 이들 어미들에 의해서만 속격구성과 명사구내포문이 구성된다는 것은 이들 어미들의 동일한 명사적 특성을 말해 준다고 볼 수 있는 것이다. 다음과 같은 예는 '-ㅁ'과 '-ㄴ', '-ㄹ'이 통사적 기능을 같이 하며 주격이나 속격을 임의로 취하고 있음을 보여 준다.

(135) ┌ 이 사ᄅᆞ미 ᄉᆞ랑ᄒᆞ야 혜아리며 말 닐오미 다 佛法이라(월석17:74)
　　　└ 이 사ᄅᆞᄆᆡ ᄉᆞ랑ᄒᆞ야 혜아리며 닐온 말이 다 佛法이라(법6:65)

(136) ┌ 諸佛ㅅ 맛당호ᄆᆞᆯ 조차 說法호미 ᄠᅳ디 아로미 어려우니라(법1:175)
　　　└ 諸佛의 맛당홀 야ᇰ ᄋᆞᆯ 조차 說法ᄒᆞ시논 ᄠᅳᆮ 아로미 어려ᄫᆞ니(석상

13:47)50)

(135)와 (136)에서 두 문의 차이는 각각 명사화와 관형화의 차이일 뿐 모두 동일한 명사구내포문을 구성한다. 내포문표지 '-오-'를 실현시키고 있으며 동작의 주체는 주격 혹은 속격으로 실현되어 있다. 이러한 중세국어의 명사구내포문과 속격구성에서 우리는 동명사형어미의 명사적 특성과 이들이 통사기능상 동계의 어미였다는 것을 다시 확인해 볼 수 있었다.

중세국어 관형화구성에서 '-오-'가 선접되면서도 주어(동작의 주체)가 표면상 나타나지 않는 형태가 나타나는데 다음과 같은 예들이 그 중 하나이다.

(137) 닐온 道理 各各 보물 조츠니(금강서:5)
(138) 니르샨 양ᅌᆞ로 호리이다(석상6:24)
(139) 治生ᄋᆞᆫ 사롤 일 다ᄉᆞ릴씨라(월석21:170)
(140) 心地ᄂᆞᆫ 아론 ᄆᆞᅀᆞᆷ 일홈 호ᄃᆡ ᄯᅡ ᄀᆞᆮ다 ᄒᆞ니(원각서:70)
(141) 陰은 ᄀᆞ리드플씨니 ᄒᆞᄂᆞᆫ 일 이쇼물 모도아(월석1:35)
(142) 이 東山ᄋᆞᆫ 남기 됴홀ᄊᆡ 노니논 ᄯᅡ히라(석상6:24)

李崇寧(1976:133)에서는 '닐온, 니르샨'에 대하여, 나타나지 않은 주어는 인간일 것으로 보고 이를 일종의 관용구로 간주하였다. 우리는 명사화 구성에서도 관용화한 '-오-'가 전성명사를 이루고 있는 것을 보았는데 관형화구성에서도 같은 설명을 할 수 있을 것이며 이 때의 '-오-'는 화석화된 '-오-'로서 내포문구성의 기능은 하지 않는다. 그러나 이러한 구분은 명확히 선을 그을 수는 없으며 상대적인 것이다. 위의 예들도 동작주체로서의 일반사람, 특정한 사람, 화자 등이 생략된 것으로 볼 수도 있기 때문이다. 실제로 위의 예들 가운데에서도 (141)의 'ᄒᆞᄂᆞᆫ', (142)의 '노니논'은 다른 예들보다 동작성이 강하여 동작주체의 설정이 용이해 보인다.

---

50) 徐禎穆(1981:176)에서 再引用.

중세국어의 '-오-'가 선접한 관형화구성 중에 이와는 다른 또 하나
의 다음과 같은 형태가 존재한다.

(143) 婇女는 <u>꾸뮨</u> 각시라(월석13:28)
(144) 鮮은 <u>굿 주균 즁싱</u>이라(월석21:93)
(145) 五通 <u>메운</u> 술위눈(월곡119)
(146) <u>비론</u> 바볼 엇뎨 좌시눈가(월곡122)
(147) 四空處는 네 <u>:뷘</u> 짜히라(월석1:35)
(148) <u>다돈</u> 이피 열어늘(월곡178)

위의 예들은 관형구성을 이룬 술어와 뒷 명사와의 관계가 피동구성
을 이룬다고 볼 때 그 의미 파악이 자연스러운데 李仁模(1975:92)에
서는 이러한 구성을 '能動被動態'라 이름한다. 이는 Jespersen의 'active-
passive'라는 용어를 그대로 사용한 것인데 Jespersen은 'active-
passive'를 'dependent nexus'의 한 종류로 삼았다.(Jespersen
1933:309-29) 이는 동작주체가 비록 생략되어 있지만 논리적으로 이
를 설정할 수 있으므로 결국 주술구조로 간주하는 것이다.

앞에서 지적한 것처럼 이러한 구분은 그 한계가 모호하여 획을 그어
구분할 수는 없다. 위의 예 중에서 특히 (147)의'뷘', (148)의 '다
돈' 등은 동작주체를 설정하기가 매우 어려워 보인다. 그러나 뒷 명사와
의 관계에서 피동관계를 인식할 수 있다면 논리적인 동작주체의 설정이
가능한 것이다.51) 언어란 계속적이고 무한한 것이기 때문에 이를 분석
하여 그 섬세한 차이를 모두 간단명료하게 기술하는 것은 불가능한 일
에 속할 수 있다.

그러나 이러한 어려움 속에서도 '-오-'의 출현과 관련하여 구분된
분석을 시도할 수 있는 것은 '-오-'가 나타나는 구성과 나타나지 않는

---

51) 이러한 구성이 피동구성임은 다음과 같은 통시적 변천에서도 엿볼 수 있다.
　┌더 <u>브라논</u> 어득흔 수프리(노걸상:60)
　└져긔 <u>뵈논</u> 거믄 숨풀이(몽노4:6)
　'브라논'이 '뵈논'으로 바뀌고 있다.

구성의 차이점을 분명히 인식할 수 있기 때문이다. 우리는 '-오-'를 내포선어말어미로 규정함에 있어서, 주어와 서술어를 갖추어 문(S)으로서의 자격을 가진 구성이 명사절, 관형절로 내포될 때 '-오-'가 선접되는 것으로 설명하였으며, 주어가 표면에는 나타나지 않더라도 논리적으로 설정할 수 있는 경우는 '-오-'가 선접되었음을 논하였다.

그러므로 다음과 같이 주어와 서술어와의 관계가 하나의 단위로 작용하여 절을 이룰 수 없는 구성에는 '-오-'가 선접되지 않는다. 이 때 주어(동작주체)는 서술어 뒤의 수식받는 명사가 된다.

(149) 구든 城을 모루샤(용가:19)

(150) 뒤헤는 모딘 도죽 알픠는 어드븐 길헤 업던 번게를 하놀히 볼기시니(용가:30)

(151) 블근 새 그를 므러(용가:7)

(152) 더븐 煩惱롤 여희의 홀 느지니(월석1:18)

(153) 出家호 사루몬 쇼히 곧디 아니호니(석상6:22)

(154) 노푼 樓 우희 오루시고(석상6:2)

(155) 孝道홇 쏜리 그를 어엿비 너겨 보샤(용가:96)

(156) 미친 사룸 フ티(석상6:4)

(157) 艱難호 사루미(원각서:43)

(158) 셜븐 人生이어(석상6:5)

(159) 목수미 므거븐 거실씨(석상6:5)

(160) 앗가븐 쁘디 잇느니여(석상6:25)

(161) 무숨매 깃븐 쁘디 이실씨(석상6:16)

(162) 고븐 쏠 얻니노라(석상6:13)

(163) 구믈구믈ᄒᆞ논 衆生이 다 佛性이 잇거시니(법어:37)

(164) 舍衛國엣 사루미 邪曲호 道理롤 信ᄒᆞ야 正호 法 フ루쵸미 어렵더니(석상6:21)

(165) 誠實호 마롤 니르시ᄂᆞ니(아미타:19)

(166) 내 이제 受苦ᄒᆞ논 衆生을 爲ᄒᆞ야(관음상:25)

(167) 智慧로윈 아두리어나 양즈 됴호 쏠롤 나하(관음중:30)

(168) 善男子ᄂᆞᆫ 의든 남지니오(아미타:17)

위의 예들은 한자리서술어가 관형형어미를 취하여 뒷 명사를 수식한 구성으로 관형절을 이루지 않으며 내포문을 구성하지 않아 '-오-'가 선접되지 않았다.52) 앞의 서술어는 문장 내의 다른 성분과 관계를 맺지 않고 뒤의 체언만을 수식하며 체언의 속성을 나타내어 같이 하나의 독립된 개념을 나타내므로 서술어 앞에 다른 주어가 존재하지 않는다.

생성문법에서는 (149), (151), (160) 등의 구성도 '城이 굳다', '새가 붉다', '쁘디 앗갑다' 등의 기저의 문(S)으로 보기 때문에 종래에 구분하던 절과 구를 구분하지 않는다. 그러나 표면구조를 중요시하는 문법기술에서는 관형절과 관형구를 구분할 수 있으며, 전통적으로 국어문법에서 최현배(1924)는 관형절과 관형구를 구분하였고 Jespersen(1924)은 이를 'nexus'와 'junction'의 개념으로 구분하였다.53)

이러한 관형절과 관형구의 구분은 중세국어의 선어말어미 '-오-'의 출현 여부를 구분할 수 있는 기준이 된다. 즉 동작주체를 설정할 수 있으며 하나의 절을 이루어 문에 내포되는 경우 서술어의 관형형어미에 '-오-'가 선접되며, 동작주체 앞에서 단순히 수식기능만을 갖는 경우 '-오-'가 선접되지 않는다. 후자의 경우 수식받는 체언이 동작주체가 되므로 다른 동작주체를 설정하는 것은 논리적으로 불가능하다.

다음은 관형구를 이루고 있는 형태로서 관형절을 구성하지 않아 '-오-'가 나타나지 않은 예들을 살펴 본다.

---

52) 서술어와 그것이 필요로 하는 논항과의 관계에서 서술어를 파악하는 것이 동사나 형용사로 구분하여 기술하는 것보다 서술어의 의미·기능을 파악하는 데에 유용할 때가 많다. 특히 중세국어에서는 許雄(1975:413)에서 지적한 대로 동사와 형용사의 구분이 어려우므로 본 논의에서는 이를 구분하지 않고 논항과의 관계에서 서술어가 갖는 값(valency)으로 기술한다.

53) 최현배(1924:742-5)에서는 매김마디(관형절)와 매김이은말(관형구)을 구분하였다.
 ┌바람이 서느러운 아침에 (매김마디)
 └부지런히 일하는 사람 (매김이은말)

 Jespersen(1924:114)에서는 nexus와 junction을 구분하였다.
 ┌the rose is red (nexus)
 └a red rose (junction)
 'a red rose'는 두 요소로 이루어진 하나의 개념으로, 'the rose is red'는 두 개념으로 설명하고 있다.

(169) 드리예 <u>뻐딜</u> 무롤 넌즈시 치혀시니(용가:87)

(170) <u>가다가 도라옳</u> 軍士ㅣ 조걋긔 黃袍 니피 ᄉᆞᄫᆞ니(용가:25)

(171) <u>부텨 向ᄒᆞ</u> 무ᅀᆞ물 니즈니(석상6:19)

(172) <u>길 넒</u> 사ᄅᆞᆷ ᄀᆞ티 너기시니(석상6:4)

(173) <u>유무 드릃</u> 사ᄅᆞᆷ도 업거늘(석상6:2)

(174) <u>法 ᄀᆞᄅᆞ치ᄂᆞ닌</u> 스숭이오(월석1:9)

(175) <u>놀애 브르ᄂᆞᆫ</u> 神靈이니(월석1:15)

(176) <u>글읽 뜯뿐 비호ᄂᆞᆫ</u> 사ᄅᆞ미라(능엄서:3)

(177) <u>므던히 너길</u> 무숨 업슬ᄊᆡ 일후미 菩薩이라(금강:9)

(178) <u>阿彌陀佛國에 나고져 홇</u> 사ᄅᆞᆷ(아미타:26)

(179) <u>道 아ᄂᆞᆫ</u> 사ᄅᆞᆷ 그 ᄠᅳ들 至極히 安靜ᄒᆞ며(원각서:24)

(180) <u>子息 빈</u> 겨집은 …새와롤 먹디 말오(관음중:31)

(181) <u>혜아리디 몯홇</u> 큰 神驗이 ᄀᆞ존 둘 반두기 아롤 디니라(관음하:34)

(182) <u>나라 니스리롤</u> 굿게 ᄒᆞ시ᄂᆞ니(석상6:7)

(183) <u>艱難ᄒᆞ며 어엿븐</u> 사ᄅᆞ몰 쥐주어 거리칠ᄊᆡ(석상6:13)

위의 관형구들은 관형형어미를 취하여 뒷 체언을 수식하는데, 관형절을 이루지 못해 '-오-'가 선접되지 않았으며 수식받는 명사가 동작 주체가 된다. 한 가지 중세국어의 특성으로 보이는 것은 관형형어미를 갖는 서술어 앞의 체언이 조사가 생략된 채 나타나, 마치 뒤의 서술어와 함께 어휘화(lexicalized)된 형태처럼 쓰이고 있는 점이다.[54] (171)의 '부텨 向ᄒᆞ', (172)의 '길 넒', (173)의 '유무 드릃', (174)의 '法 ᄀᆞᄅᆞ치ᄂᆞᆫ', (175)의 '놀애 브르ᄂᆞᆫ', (179)의 '道 아ᄂᆞᆫ', (180)의 '子息 빈', (182)의 '나라 니슬' 등은 '체언 + 서술어'의 구성인데 조사를 생략시킨 채 쓰여 하나의 서술어처럼 인식되기도 한다. 이들에는 목적격조사가 생략되었는데 목적격 외에 주격조사가 생략되는 경우도 있다.

다음의 예들은 주격조사가 생략된 경우인데 이러한 경우는 이들이

---

54) 李仁模(1975:103-4)에서도 이를 지적하여 "中世國語에서는 現代國語에서보다 한 合成語로 잡으려는 의식이 매우 強하였다"고 설명하고 있다.

표면상 생략되지 않았더라면 절을 이루어 내포문을 구성할 수 있으므로 '-오-'의 출현 여부가 문제가 된다. 그러나 중세국어에서 이러한 구성은 절로서 인식되지 않았음을 다음과 같이 '-오-'가 나타나지 않은 것으로서 알 수 있다.

(184) 띄 무든 옷 닙고(석상6:27)
(185) 직조 뒷논 사ᄅᆞ미 天下애 ᄒᆞ니면(금삼2:15)
(186) 부텨 두욇 法門을 ᄒᆞ마 아로라 ᄒᆞ야(능엄1:21)
(187) 불휘 기픈 남ᄀᆞᆫ…, 쉬미 기픈 므른…(용가 2장)
(188) 孤눈 져머셔 어버ᅀᅵ 업슨 사ᄅᆞ미오(석상6:13)
(189) 御製눈 님금 지ᅀᅳ신 그리라(훈민)

다음으로는 관형구가 뒷 명사와 동격구성을 이루고 있는 형태가 있다. 이러한 구성 역시 절을 이루지 않아 '-오-'가 선접되지 않았다.

(190) 聖王ᄋᆞᆫ 聖人이신 王이시니(월석1:19)
(191) 氏눈 姓 ᄀᆞ툰 마리라(월석1:8)
(192) 오직 衆生ᄋᆡ 如來ㅣ 藏心에 수머 잇ᄂᆞ니(능엄1:8)
(193) 터럭 ᄀᆞ툰 國土애 緣을 조차 ᄂᆞ려니며(능엄1:9)
(194) 諸佛 곧ᄒᆞᆫ 마ᅀᆞᄆᆞᆯ 發ᄒᆞ야(금삼2:4)
(195) 의 곧ᄒᆞᆫ 어린 사ᄅᆞ미(월석8:74)
(196) 뽄 곧디 아니ᄒᆞᆫ 이리(월석21:122)
(197) 고온 사ᄅᆞ민 公孫氏(두시16:47)
(198) 小王ᄋᆞᆫ 혀근 王이니 轉輪王 아닌 王이라(월석1:21)
(199) 노푼 大人이신 됴(금삼4:11)

관형구에 의한 동격구성은 다음과 같이 관형절(보문화구성)을 이루어 '-오-'가 선접된 동격절과 비교될 수 있다.

(200) 〔眞如法이 ᄒᆞ나히론〕S 주를〕NP 實다히 아디 몯홀ᄊᆡ(능엄4:13)
(201) 〔내 겨지비론〕S 젼ᄎᆞ로〕NP (월석10:18)

(202) 〔부텨 니르샨〕S 밧〕NP 法(금삼3:61)

위의 구성은 주어를 가진 보문절이며, 보문명사로 볼 수 있는 '줄', '젼ᄎ', '바' 등에 내포되어 명사구내포문을 이루고 있다.

이상으로써 선어말어미 '-오-'의 출현 여부가 중세국어 관형화구성의 통사구조에 어떤 차이를 드러내는가에 대하여 고찰해 보았다. "어떤 구성에서 '-오-'가 나타나지 않는가"에 대한 설명은 '-오-'가 나타나는 구성에 대한 설명 못지않게 중요하다. '-오-'가 나타나지 않는 구성에 대하여 설명할 수 있어야만 '-오-'가 나타나는 구성에서의 '-오-'의 통사적 기능을 확실히 규명할 수가 있기 때문이다. 이 곳에서는 주로 절의 구성과 관련하여 주어(동작주체)의 설정 가능성이 논의되었다. 그러나 '-오-'의 출현 여부는 절구성의 조건에서만 다 설명되지 않고 그 절이 명사구내포문을 구성한다는 또 하나의 조건에 의해서도 결정된다. 이에 관하여는 3.3에서 자세히 논의하게 될 것이다.

지금까지 '-오-'의 출현 여부를 놓고 구분하여 기술한 관형화구성에 대한 설명은 중세국어 문장을 해석하는 데에 다음과 같이 유용하다.

(203) <u>싁싁호</u> 아바니미 브즈러니 <u>ᄀᆞᄅ치시논</u> 알픠도(내훈서:7)
(204) <u>노니논</u> 子ㅣ <u>니분</u> 菱荷 오시(두시21:6)

'싁싁호'과 '노니논'에는 '-오-'가 나타나지 않고 'ᄀᆞᄅ치시논'과 '니분'에는 '-오-'가 나타났다. 이는'싁싁호'은 '아바님'을, '노니논'은 '子'를 각각 수식하는 서술어의 관형형으로서 관형구를 이루며, 'ᄀᆞᄅ치시논'과 '니분'은 각각 '아바니미...ᄀᆞᄅ치시다'와 '子ㅣ 닙다'라는 관형절이 명사 앞에 내포되어 내포문을 구성하기 때문이다. 이렇듯 '-오-'의 출현 여부로서 전체문의 구성관계를 명확히 할 수 있으며 서술어의 체언과의 관계를 확실히 알 수 있는 것이다.

(205) <u>奇特호</u> 善現이...(금삼2:8)

(206) 善現이 奇特혼 아츤…(금삼2:8)

위의 예는 '善現이 奇特ᄒ다'는 내용을 같은 문맥에서 표현하고 있으며 다만 그 통사구조만 달리 하고 있을 따름이다. (206)은 (205)를 또 하나의 문(S)속에 내포시키는 통사적 절차이며 주체나 대상이 달라지지는 않는다. 둘 다 그대로 주체는 '善現'이며, '奇特ᄒ다'는 한자리 서술어로서 대상(목적어)은 없다.55) 선어말어미 '-오-'는 '善現이 奇特ᄒ다'라는 절을 내포시키는 표지인 것이다. 이렇듯 중세국어에서는 단순한 수식어의 기능을 하는 관형구와 내포문을 구성하는 관형절의 차이를 '-오-'의 출현 여부로 실현시킨 것이다.

3.2.3. 인용문구성

중세국어의 인용문은 다양한 복합문을 구성하는데 명사구내포문을 이루는 경우는 명사화와 관형화를 통해서이다.56) 또한 명사화와 관형화의 인용문 구성에 '-오-'의 출현은 필수적이다. 엄밀한 의미에서는 인용과 원용은 구별되지만, 중세국어에서는 협주문에 자주 쓰이는 원용도 인용절로 간주하여 '-오-'를 선접시키고 있다.57)

1) 명사화구성

ㄱ.

(207) 〔〔나 釋ㅣ 로라]S ᄒ샴]NP 이라(월석13:31)
(208) 愚는 어릴씨니 〔〔어린내라]S 홈]NP 이라(능엄1:16)

---

55) 許雄(1975:848)은 (205)와 같이 '-오-'가 출현하지 않는 구성은 주체법, (206)과 같이 '-오-'가 출현하는 구성은 대상법으로 설명하면서 또한 여기의 (206)과 같은 보문구성은 대상법으로 설명할 수 없는 예외적인 경우로 들고 있다. '앛'이 '奇特ᄒ다'의 목적어가 될 수 없기 때문이다.
56) 강인선(1977)에서는 중세국어의 인용구조를 접속화구성, 명사화구성, 관형화구성, 동사구 보문구성 등으로 구분하여 설정하였다.
57) 인용과 원용의 구분은 申宣京(1986) 참조.

(209) 열여슷자히논 〔〔나 釋迦ㅣ로라〕S 호샨〕NP 이라(월석13:31)

(210) 〔〔〔바미 날 뎬 불곤 燭ᄋᆞᆯ 자바라〕S 호몰〕S〕NP 외오고(내훈1:26)

(211) 〔〔〔苦厄ᄋᆞᆯ 버서 老死 업다〕S 호샤미〕S〕NP 이라(월석18:59)

(212) 〔〔〔내 잇다〕S 홈〕S〕NP 이오(법1:25)

(213) 〔〔〔이 곧호 法을 내 부텨를 조ᄍᆞ와 듣ᄌᆞ오라〕S 호ᄆᆞᆯ〕S〕NP(법1:20)

(214) 〔〔〔겨시다〕S 호ᄆᆞᆯ〕S〕NP 處所롤 불기고져 ᄒᆞ니라(아미타:4)

(215) 〔〔〔내 엇뎨 ᄒᆞ려뇨〕S 호미〕S〕NP 업스리로다(원각서:13)

(216) 모딘 이리 〔〔〔젹다〕S 호ᄆᆞ로〕S〕NP ᄒᆞ디 말며(내훈1:31)

(217) 一定ᄒᆞ야 잇다 ᄒᆞ며〔〔〔一定ᄒᆞ야 업다〕S 호미〕S〕NP 다 올티 몯ᄒᆞ니(금삼2:42)

　ㄴ.

(218) 부텻 音聲이 〔〔〔우리 부텨 ᄃᆞ외리라〕S 니ᄅᆞ샤몰〕S〕NP 듣ᄌᆞ오나(법3:65)

(219) 이 王 달오ᄆᆞᆯ 자바 〔〔〔會 다ᄅᆞᆫ가〕S 疑心호미〕S〕NP 올티 몯ᄒᆞ니(능엄1:17)

(220) 如來롤 恭敬ᄒᆞ야 받ᄌᆞ오ᄆᆞᆯ 〔〔〔慈嚴이라〕S 숦오몬〕S〕NP (능엄1:29)

(221) 各各 〔〔〔第一이라〕S 모다 아로몬〕S〕NP 그 德이 나톤 젼치라(법1:32)

(222) 南이라 니ᄅᆞ며 〔〔〔北이라〕S 닐오미〕S〕NP ᄠᅳ들 브테니라(금삼2:16)

(223) 〔〔〔漏盡無惱ㅣ라〕S 닐오몬〕S〕NP 本이 다온 젼추로 祿이 업스니 이 닐온 도죽 주규미라(법1:25)

　2) 관형화구성

　ㄱ.

(224) 同온 〔〔〔ᄒᆞ 가지라〕S ᄒᆞ논〕S ᄠᅳᆮ〕NP 이라(훈민)

(225) 和尙온 〔〔〔갓가비 이셔 외오다〕S ᄒᆞ논〕S 말〕NP 이니(석상6:10)

(226) 應은...〔〔〔人天供養ᄋᆞᆯ 바도미 맛당타〕S ᄒᆞ논〕S 말〕NP 이라(월

석2:20)

(227) 慈悲ㅅ 힝뎌글 〔〔〔ᄒ다〕S ᄒ논〕S 뜯〕NP 이니(석상6:2)

(228) 〔〔〔내 罪롤 ᄎ마 ᄇ리쇼셔〕S ᄒ논〕S 뜯〕NP 이오(석상6:9)

(229) 緊那羅ᄂ 〔〔〔疑心두빈 神靈이라〕S 혼〕S 뜯〕NP 이니(월석1:15)

(230) 그 後로 〔〔〔夫妻라〕S 혼〕S 일후미〕NP 나니(월석1:44)

(231) 淨居ᄂ 〔〔〔조훈 모미 사는 ᄃ라〕S 혼〕S 뜯〕NP 이라(월석1:34)

(232) 〔〔〔ᄆᄉ미 ᄀ린 ᄃ 업서 고른디 아니타〕S ᄒ논〕S 疑心과〕NP…
      (능엄1:34)

(233) 愚ᄂ 어릴씨니 〔〔〔어린내라〕S ᄒ논〕S 말〕NP 이라(법1:14)

(234) 阿羅漢ᄋ 〔〔〔殺賊이라〕S 혼〕S 뜯〕NP 이니(아미타:3)

(235) 〔〔〔나다〕S ᄒ논〕S 마론〕NP 사라나다 ᄒ논 마리 아니라(아미
      타:15)

(236) 너희 무론… 〔〔〔ᄂᆞᆷ 외다〕S ᄒ논〕S ᄆᄉᄆ로〕NP 제 몸을 외다
      ᄒ고(내훈1:21)

(237) 〔〔〔善이라〕S 혼〕S 거슨〕NP 흠을 닐오니오(내훈1:21)

(238) 〔〔〔例라〕S 혼〕S 거슨〕NP 아로미 올코(금삼2:18)

(239) 곧 일후믈 〔〔〔諸佛이라〕S ᄒ논〕S 전ᄎ〕NP 라(금삼3:23)

(240) 〔〔〔거렛다〕S 닐온〕S 돌〕NP ᄯ 아롤 디로다(금삼3:40)

(241) 〔〔〔人天ㅅ 供養올 바도미 맛당타〕S ᄒ논〕S 말〕NP 이라(아미타:3)

  ㄴ.

(242) 훈 샹재 일후미 〔〔〔端正이라〕S 홀〕S 이〕NP (석상24:22)

(243) 그 씌〔〔〔善慧라〕S 홅〕S 仙人이〕NP(월석1:9)

(244) 이 香이 〔〔〔高山이라〕S 홀〕S 뫼해셔〕NP 나ᄂ니(월석1:27)

(245) 何有郷ᄋ 〔〔〔아ᄆ라타〕S 몰홀〕S 곧〕NP 이니(금삼2:21)

(246) 淨飯王 아ᄃ님 〔〔〔悉達이라〕S ᄒ샬〕S 이〕NP 나실 나래(석상6:17)

(247) 舍衛國에 훈 大臣 〔〔〔須達이라〕S 홀〕S 이〕NP 잇ᄂ니(석상6:14)

이상은 인용문구성에서 명사구내포문을 이루어 '-오-'가 선접된 예
문들인데 1)의 ㄱ과 ㄴ은 인용동사 'ᄒ다'를 사용한 것과 본래의 동사
를 사용한 것의 구분이고, 2)의 ㄱ과 ㄴ은 각각 관형형어미 '-ㄴ'과

'-ㄹ'의 예들이다.58) 우리는 이러한 인용문구성에서 선어말어미 '-오
-'가 동명사형어미 '-ㅁ', '-ㄴ', '-ㄹ'에 선접되어 명사구내포문을 구
성한다는 것을 다시 한번 확인하게 된다.59) 이는 다음과 같은 인용문
구성에서 '-오-'가 나타나지 않는 예들과 비교하여도 확실히 알 수 있
다.

(248) 衆生이 업거사 菩提心을 發호리라 <u>호더라</u>(석상6:46)
(249) 因호다 <u>호니라</u>(월석서:6)
(250) 太子ㅣ 道理 일우샤 ᄌ개 慈悲 호라 <u>호시ᄂ니</u>(석상6:6)
(251) 뉘읏븐 ᄆᄉ몰 아니 호리라 <u>호더니</u>(석상6:9)
(252) 이제 부톄 나아 겨시니라 <u>호야놀</u>(석상6:12)
(253) 하놀 우 하놀 아래 나뿐 尊호라 <u>호시며</u>(석상6:17)
(254) 道理 일워사 도라 오리라 <u>호시고</u>(석상6:4)
(255) 正法을 護持호리이다 <u>호거늘</u>(석상6:46)

위의 예들은 (248)과 (249)의 종결어미를 取한 '호더라', '호니라'
를 제외하고는 인용절이 접속(연결)어미를 취하여 접속문을 구성하였
다. 이러한 구성에는 절대로 '-오-'가 나타나지 않는데 '-ㅁ', '-ㄴ',
'-ㄹ'의 내포어미에 의해 명사구내포문을 구성한 인용문에 '-오-'가
필수적으로 나타나는 것과 비교될 수 있다.

인용절이 명사구(NP)를 구성하는가 동사구(VP)를 구성하는가에 대
하여는 논란이 있다. 이홍배(1970), 양인석(1972)에서는 국어의 모
든 보문구성을 명사구보문으로 보아 동사구보문 자체를 설정하지 않으
며 인용절을 목적어명사구(NP)로 간주한다.
高永根(1980)에서는 인용동사 '호다'가 관형형을 취할 때 나타나는
'-오-'를 타동사표지로 해석하며 '거/어'의 交替와 더불어 중세어에

---

58) 인용문에 나타나는 동사 '호다'에 대하여는 대동사인가 형식동사인가에 대한 논의가
   있다. 이에 대하여는 李賢熙(1986), 申宣京(1986) 참조.
59) 극히 드물게 이러한 구성에서 '-오-'가 나타나지 않는 예가 보인다.
   -내 노포라 <u>호릴</u> 맛나돈(월석21:67)

[+타동성]을 표시하는 문법범주가 있었다고 보고 인용절을 목적어명
사구(NP)로 본다. 강인선(1977:10)에서도 인용절이 'ㅅ'을 취하는
것을 들어 명사적 성격을 갖는 것으로 파악하였다.

　남기심(1986)에서는 완형보문을 명사구로만 보지 않고 그 뒤에 오
는 명사와 함께 명사구(NP)를 이루거나 혹은 동사와 함께 동사구(VP)
를 이루는 것으로 보았다. 특히 현대국어의 인용문구성을 인용보문소
'-고'에 이끌리는 동사구보문으로 설명한다. 申宣京(1986)에서도 인
용문의 기본구조를 동사구보문으로 확정하고 인용절이 부사절임을 설
명하였다.

　중세국어의 인용문구성은 현대국어와 다른 몇 가지 특성을 가진
다.60)
　가장 큰 특징으로는, '-고'가 나타나 동사구보문을 구성하는 것이
현대국어 인용문의 가장 일반적인 유형인데 비하여 중세국어에서는 이
'-고'가 나타나지 않고 명사구내포문과 접속문으로 실현된다. '-ㅁ',
'-ㄴ', '-ㄹ'에 의한 인용문구성은 명사구내포문을 구성하고 그 밖의
접속어미에 의한 구성은 접속문을 구성한다. 여기에 선어말어미 '-오
-'의 출현 여부는 이러한 구분을 더욱 간결하게 할 수 있는 설명력을
제공한다. 즉 명사구내포문 구성에만 '-오-'가 나타나 '-오-'가 명사
구내포문을 구성하는 선어말어미임을 다시 확인하게 하는 것이다. 또
한 인용문이 꼭 명사구(NP)를 구성하여야 한다든가 동사구(VP)를 구
성하여야 한다든가 하는 논의는 무익하다. 기저의 한 文(S)이 인용절
이 되어 인용문을 구성할 때 취하는 어미에 따라 명사구구성도, 동사
구구성도 이룰 수 있는 것이다. 다만 동사구에 의한 구성을 부사절로
서 동사구내포문으로 볼 것인가, 접속문으로 볼 것인가의 문제만 남아
있는 것이다.

　지금까지 이 곳에서는 중세국어의 명사화, 관형화, 인용문구성을 15

---

60) 중세국어 인용문의 전반적인 특징에 대하여는 李賢熙(1986), 申宣京 (1986) 참조.

세기국어의 자료를 통하여 고찰해 보았다. 이들은 중세국어 복합문의
명사구내포문을 구성하고 있으며 모두 명사구내포문표지인 '-오-'를
필수적으로 취하고 있었다. 또한 선어말어미 '-오-'가 나타나는 환경
은 동명사어미 '-ㅁ', '-ㄴ', '-ㄹ' 앞에서뿐이며, 이들 앞이라도 절을
구성하여 내포될 때에만 '-오-'가 선접된다는 것을 확인하였다.

前章에서는 '-오-'의 형태소 설정의 기준으로서 동명사어미 '-ㅁ',
'-ㄴ', '-ㄹ' 앞이라는 기준을 제시한 바 있는데, 이제 '-오-'의 통사
적 기능으로서 명사구내포문을 구성하는 표지라는 것을 제시한다. 이
제시에는 두 가지 조건이 포함되어 있다. 내포문 구성이라는 조건과
내포문 중에서도 명사구(NP)를 구성한다는 조건이다. 후자의 조건은
절을 이루어 내포문을 구성하더라도 '-오-'가 나타나지 않는 구성들에
대하여 명사구라는 조건으로 또 하나의 설명을 해 낼 수가 있게 한다.
이러한 통사적 조건은 형태소적 조건과도 직결되는데 그것은 바로 '-ㅁ',
'-ㄴ', '-ㄹ'이 명사구내포문을 구성하는 어미이기 때문이다. 그리하여
우리는 '-오-'의 통사적 기능규명이 형태론적 연구와 연관되어 있음을
알 수 있으며 이러한 형태·통사적 접근이 '-오-'의 독자적 기능을 분
석해 내는 데에 유용한 것임을 알 수 있다.

이 곳에서는 '-오-'가 절을 이루어 내포문을 구성한다는 것을 중심
으로 살펴 보았는데 다음(3.3)에서는 이 내포문 구성이 명사구(NP)를
이룬다는 설명을 중세국어 의존명사구문의 분석을 통하여 시도하여 볼
것이다. 의존명사구문은 내포문 구성임에도 불구하고 '-오-'가 나타나
지 않는 구성이 많기 때문이다.

3.3. 의존명사구문에서의 '-오-'

3.3.1. 문제의 제기

의존명사의 주된 통사적 기능은 내포문을 구성하여 문(S) 속에 문(S)을 갖게 하는 데 있다. 의존명사는 내포문을 구성함에 있어서 관형화구성을하여 관형화어미 '-ㄴ', '-ㄹ'을 취하는데, 중세국어에서는 원칙적으로 이러한 관형화구성에 '-오-'가 필수적으로 나타난다는 것을 논증한 바 있다. 그런데 의존명사구문에서는 '-오-'가 나타나기도 하고 나타나지 않기도 하여 이의 출현 여부가 문제가 된다. 이러한 의존명사구문에서의 '-오-'의 출현여부를 '-오-'의 명사구내포문을 구성하는 기능과 관련하여 설명할 수 있다면 '-오-'의 기능규명에 또 하나의 타당성을 제공받게 될 것이다.

이 곳에서는 '-오-'의 출현 여부가 의존명사구문이 전체문에서 갖는 통사적 성분과 관련되어 있으며 명사구(NP)를 이룰 때에만 '-오-'가 선접된다는 것을 논증함으로써 '-오-'가 명사구내포문을 구성하는 표지임을 다시 확인하게 될 것이다. 또한 의존명사구문이 전체문에서 갖는 통사적 기능의 차이에 따라 중세국어에서 '-오-'를 선접하는 의존명사와 선접하지 않는 의존명사의 구분이 가능하다는 것을 설명하고 이러한 설명 과정에서 의존명사구문의 통사적 성분의 기능 변화가 초래하게 되는 일련의 통사변화 현상, 즉 의존명사가 어미화하는 과정, 통사론적 구성에서 형태론적 구성으로 바뀌는 과정, 내포문이 접속문화하는 과정 등에 대한 고찰도 하게 될 것이다. 이러한 통사변화의 과정에서 '-오-'가 소멸되고 있다고 설명할 수 있기 때문이다.

3.3.2. 중세국어 의존명사의 분류

중세국어의 의존명사의 목록은 연구자에 따라 서로 다른데 이는 의존명사에 대한 분류기준이 조금씩 다른 데에도 원인이 있겠지만 가장 큰 원인은 의존명사가 '자립형식(N1)〉 준자립형식(N2)〉 기능어(N3)' 로 변천해 가고 있다는 통시적 사실 때문일 것이다.[61] 의존명사의 이러한 변천과정은 통사분석에 많은 불분명성을 초래하고 있기 때문에 의존명사의 연구에 있어서는 통시적인 관점이 충분히 고려되어야 한다.

의존명사에 대한 본격적인 연구는 高永根(1970)과 高永根(1982)에서 각각 현대국어와 중세국어를 대상으로 이루어졌는데 先後行形式들과의 통합관계에 있어서의 제약성에 따라 의존명사를 분류하였다. 조사와의 통합관계에 따라서는 보편성, 주어성, 서술성, 부사성으로 분류하였는데 이러한 분류는 국어문법에서 전통적으로 의존명사의 명사적 용법 외에 부사적 용법을 인정한 것과 軌를 같이 하는 것이다.

본 논의에서는 의존명사가 내포문을 구성하여 의존명사구문을 이루었을 때 그것이 전체문에서 갖는 통사적 성분에 관심이 있으며, 특히 명사구내포문을 구성하는가에 관심의 촛점이 놓여진다. 보편성의존명사는 격조사와 자유롭게 통합하여 명사적 성분으로 기능하여 명사구내포문을 구성하며, 부사성·서술성의존명사는 격조사와 통합하지 않고 명사적 성분으로 기능하지 않아 명사구내포문을 구성하지 않는다. 부사성의존명사는 '하다'와, 서술성의존명사는 '이다'와 주로 통합하여 앞의 관형절보다는 뒤의 서술어와 긴밀한 통합관계를 갖는다.

의존명사는 체언이기 때문에 원칙적으로 조사와 통합할 수 있어야 하는 것인데, 부사성·서술성의존명사가 조사와 통합하지 않는다는 것은 이들이 의존명사로서의 성격을 잃어 가고 있는 것이라고 볼 수 있다. 의존명사가 조사와 통합함에 있어서 갖는 제약성은 의존명사의 명사적 기능과 상관관계가 있으며 제약이 심할수록 명사로서의 기능은 약해져 부사어, 서술어로서 기능하게 되는 것이다.[62] 이는 바로 의존명사구문의 명사구내포문으로서의 기능의 약화를 의미하는 것이다. 그러므로 '관형절 + 의존명사'의 구문을 모두 명사구내포문으로 볼 수는 없는 것이다.

61) N1〉 N2〉 N3에 대한 설명은 Guiraud(1961:41-4) 참조.
62) 왕문용(1988:739)에서도 이러한 점을 지적하고 있다.

鄭鎬完(1987)에서도 의존명사의 분포에 대한 제약성을 기준으로, 체언을 형성하여 체언구내포문을 이루는 보통의존명사와 부사어를 형성하여 용언구내포문을 이루는 부사성의존명사로 구분하고 있다.

이러한 중세국어 의존명사구문의 전체문에 대한 통사적 성분의 차이는 선어말어미 '-오-'의 출현과 깊은 관련이 있다. 즉 선어말어미 '-오-'는 명사구내포문을 이루는 보편성의존명사의 관형화에 나타나며 부사성·서술성의존명사의 관형화에는 나타나지 않는다. 이렇듯 의존명사구문의 통사적 성분의 차이가 '-오-'의 출현 여부로 구분되는 것은 '-오-'가 명사구내포문을 구성하는 선어말어미로서의 기능을 뚜렷이 하고 있기 때문이라고 볼 수 있는 것이다.

이 곳에서는 의존명사구문의 통사적 성분의 분석이 목적이므로 다음과 같은 기준에 의한 의존명사를 분석대상으로 삼는다.

① 관형화내포문을 구성함에 있어서 내포문명사로서 기능하여야 한다. 즉 관형절을 이끌어 전체문에 연결하는 연결소로서의 구실을 할 수 있어야 하는 것이다.
② 자립명사의 예가 보이는 것은 제외한다.[63]
③ 동명사형 뒤의 후치사는 제외한다.[64]
④ '양' 이외의 한자어는 제외한다.[65]

---

63) '젼ᄎ', 'ᄯ', '곧(장소)' 등이 이에 해당한다.
  -舍利佛이 젼ᄎ 업시 우ᅀᅥ늘(석상6:35)
  -ᄯ로 서르 보니(석상9:32)
  -곧마다 프른 ᄀᄅ미(두시重21:3)
64) 'ᄀ장', '대로', '자히', '다비', '조초' 등이 이에 해당한다.
  -열히 두ᅀᅵᆲ ᄀ장 조료몰 滅이라 ᄒ고(월석1:47)
  -바볼 머굻 대로 혜여 머굼과(월석7:31)
  -물톤 자히 누리시니이다(용가34)
  -ᄀᄅ치산 다비 行ᄒ야(월석14:45)
  -그ᄠᅵᆺ 혼 조초ᄒ야(석상6:1)
65) '양(樣)'은 한자어이지만 의미의 다양성을 가져(모양, 목적, 척 등) 국어에 정확한 대체어가 없으며 관형화내포문 구성에서 내포문명사로서의 기능을 뚜렷이 하므로 포함시킨다.

⑤ '드', '亽'계열의 곡용형들은 화석화하여 각기 다른 통사적 기능을 발휘하므로 별개의 항으로 설정한다.

이러한 기준에 의하여 본 논의에서 분석하려는 중세국어 의존명사의 목록은 다음과 같다.
것, 바, 곧('것'), 이, 앛, 줄, 닷, 양, 적(제), 숯, 딛, 만, 싼, 쑤룸, 디, 티, 대, 돌, 둔, 돗, 둥, 시, 싀, 술, 순

위의 의존명사들은 '-오-'의 출현과 관련하여 다음과 같이 분류될 수 있다.

-보편성의존명사 : 〔+'-오-'〕
것, 바, 곧('것'), 이, 앛, 줄, 닷, 양①

-부사성의존명사 : 〔-'-오-'〕
양②, 적(제), 숯, 딛, 만, 싼①
-서술성의존명사 : 〔-'-오-'〕
싼②, 쑤룸

(단, '드', '亽'계열은 불규칙)

3.3.3. 의존명사구문의 분석

이 곳에서는 중세국어의 의존명사구문을 명사적 기능이 강한 순서대로, 즉 '-오-'의 출현이 필수적인 순서대로 각 항목별로 분석을 시도한다. 분석에는 직접구성성분 분석이 사용된다. 분석에 들어가기 전에 다음과 같은 점을 미리 분명히 하여 둔다.

① 관형형어미 '-ㄴ, -ㄹ'뒤에 보편성의존명사가 오더라도 '-ㄴ, -ㄹ'이 절을 이끌지 못하면, 즉 내포문을 구성하지 못하면 '-오-'가 선접되지 않는다. '-오-'는 절구성에만 관여하는 형태소이기 때문이

다. 다음과 같은 구성은 관형절을 이루지 못하고 관형구를 이루는
예들이기 때문에 '-오-'가 선접되지 않았다.

(1) 더러븐 거슬 브리고(석상13:33)
(2) 알핀 住 업슨 아출 불기시고(금삼3:40)
(3) 조보 리 업시(석상6:17)
(4) 조수루빈 고두로(석상19:15)
(5) 축축호 뒤셔 날씨오(석상19:2)

② '-오-'가 소멸되어 가는 형태소라는 것을 염두에 두고 자료를 대하
여야 한다. '-오-'는 15.16.17세기를 걸쳐 소멸되어 가며 16세기
이후의 문헌에서는 명사구내포문 구성에서도 '-오-'가 소멸된 예를
흔히 찾아 볼 수 있다. 그러므로 '-오-'의 기능과 관련하여 '-오-'
의 출현 여부를 논할 때에는 15세기 자료를 우선적으로 검토할 필
요성이 있다.

(6) 〔〔빅셩이 법호〕S 거시〕NP 업슨 디라(소언4:52)
(7) 〔〔ᄆᆞ옴의 欲ᄒᆞ논〕S 바를〕NP(논어1:10)
(8) 〔〔사롬이…아니ᄒᆞ논〕S 줄을〕NP(소언6:50)

위의 예들은 '것', '바', '줄' 등이 보편성의존명사로서 명사구내포
문을 구성하므로 15세기 문헌에서는 '-오-'를 필수적으로 취하였으나
16세기 문헌에서는 '-오-'를 취하고 있지 않은 것을 보인 것이다.

③ N2 〉 N3의 과정, 즉 의존명사의 문법형태소화하는 통사적 변천과
정을 충분히 고려하여야 한다. 의존명사가 어미화하는 과정에서 '-
오-'가 소멸되고 있기 때문이다. 특히 '두', '스'계열의 의존명사
들은 중세국어에서 이미 어미화하고 있으며 이러한 과정에서 '-오
-' 출현의 불규칙성을 나타내기도 한다. 보편성의존명사가 어미화
하는 중간 단계로서 부사성을 보이기도 하는데, '보편성의존명사 〉
부사성의존명사 〉 어미'의 변천과정에서 서로의 한계가 불분명하여

분석상의 어려움이 있다. 이 또한 언어의 계속성에서 오는 문제로 볼 수 있는 것이다. 그러나 'ᄃ', 'ᄉ'계열의 의존명사에 한해서는 이러한 불규칙성을 인정하면서도 보편성의존명사와 부사성·서술성 의존명사의 구분은 '-오-'의 출현 여부로, 의존명사와 어미의 구분은 내포문명사로서의 기능 여부로 분석의 기준을 삼는다.

다음은 15세기 자료를 주로 대상으로 하여, 내포문구성의 의존명사들을 조사와의 통합관계를 중심으로 명사적 기능이 강한 순서대로 분석을 시도해 본다.

1) 것

은
(9) 〔〔네 得혼〕S 거순〕NP 滅이 아니니(법3:198)
(10) 〔〔公이 닐그시논〕S 거순〕NP 엇던 마리잇고(원각서:68)
(11) 〔〔神力의 化ᄒ샨〕S 거순〕NP 밧 쳔량애 남디 몯ᄒ니(법6:144)

이
(12) 〔〔阿難의 아롬〕S 거시〕NP 아니니(능엄4:104)
(13) 〔〔ᄆᄉ미 어루 降히욜〕S 거시〕NP 업스니(금삼2:5)
(14) 〔〔百千龍이 서리여 안졸〕S 거시〕NP 두외야(월곡183)

을
(15) 〔〔佛子이 得홀〕S 꺼슬〕NP 다 ᄒ마 得과이다(법화3:232)
(16) 〔〔ᄂᄆ미 지손〕S 거슬〕NP 아ᅀᅡ 제 즐기ᄂ니(월석1:32)
(17) 〔〔修行홀 사ᄅ미 조ᅀᆞᄅ이 行홀〕S 거슬〕NP 取ᄒ야(원각서:78)

이라
(18) 月印釋譜ᄂ 〔〔先考 지ᅀᅳ샨〕S 것〕NP 이니(월석서:22)
(19) 樹는 〔〔이 祇陀太子ᄉ 施혼〕S 것〕NP 일ᄊᆡ(금강:2)
(20) 南北東西ㅣ 다 〔〔내이 化혼〕S 것〕NP 이니(금삼3:26)

으로

(21) 〔〔나랏 菩薩이 種種供養ᄒᆞ욜〕S 꺼스로〕NP 諸佛끠...(월석8:63)

(22) 〔〔大衆돌히...가죤〕S 거스로〕NP 供養ᄒᆞ숩더니(석상23:51)

'것'은 명사성이 강하여 격조사와 자유로이 통합하며 명사구내포문을 구성한다. 이 때 '-오-'의 선접은 필수적이다.

2) 바

논

(23) 〔〔人間世尊히 ᄒᆞ며 重히 너기논〕s 바논〕NP 賢聖이오(금삼3:2)

(24) 〔〔저희 願ᄒᆞ논〕S 바논〕NP 님금ㅅ 官人올...(두시25:37)

(25) 〔〔믈읫 사ᄅᆞ미뼈 사롬 두외옛논〕S 바논〕NP...(내훈1:18)

이

(26) 〔〔어린 百姓이 니르고져 홒〕S 배〕NP 이셔도(훈민)

(27) 〔〔諸佛 證ᄒᆞ샨〕S 배〕NP 오직 이 法을 證ᄒᆞ시며(금삼2:32)

(28) 〔〔菩薩ㅅ 萬行온...그 福 얻논〕S 배〕NP 어위며(금삼2:17)

룔

(29) 〔〔부텨 아르시논〕S 바롤〕NP 다 通達ᄒᆞᄉᆞ오나(법5:18)

(30) 〔〔昭憲王后ㅣ...ᄒᆞ욠〕S 바롤〕NP 아디 몯 ᄒᆞ다니(월석서:16)

(31) 〔〔다못 믈읫 닐온〕S 바롤〕NP...(내훈1:15)

이라

(32) 〔〔부텨 護念ᄒᆞ시논〕S 바〕NP 이라(석상13:33)

(33) 〔〔...하늘 돌히...몯ᄒᆞ숩논〕S 바〕NP 이시니라(월석서:2)

(34) 〔〔一切가 信ᄒᆞ논〕S 바〕NP 이라(법1:120)

-ㅅ

(35) 〔〔부텨 니ᄅᆞ샨〕S 밧〕NP 法(금삼3:61)

-와
(36) 〔〔날로 行홀〕S 바와〕NP...(내훈1:15)

'바'는 명사성이 강하여 격조사와 자유롭게 통합하여 명사구내포문을 구성하며 '-오-'의 선접이 필수적이다.

3) 곧('것')

온
(37) 〔〔우리 父母ㅣ 듣디 아니 ㅎ샨〕S 고돈〕NP 釋迦太子ㅣ...(석상6:7)

이
(38) 〔〔世尊이...혼 말도 아니ㅎ샨〕S 고디〕NP...(금삼2:2)

올
(39) 十方앳 〔〔道理 혼 가지론〕S 고돌〕NP 니르시니라(석상13:50)
(40) 〔〔이 무른 다 增上慢이론〕S 고돌〕NP 아롬 디니(석상13:61)
(41) 〔〔둘히...得ㅎ얫논〕S 고돌〕NP 보며(석상19:32)

이라
(42) 다 〔〔妙音의 ㄱ조샨〕S 곧〕NP 이시니라(법7:9)
(43) 〔〔이 楞嚴 지스샨〕S 곧〕NP 이시니라(능엄1:19)

'곧'도 명사성이 강하여 격조사와 자유롭게 통합하며 명사구내포문을 구성하여 '-오-'가 선접된다.

4) 이('사람', '것')

-ㄴ
(44) 〔〔아논〕S 인〕NP 내 兄의 子息이오(내훈3:52)
(45) 〔〔지운〕S 인〕NP 새 지비로다(두시6:52)

Ø

(46) 〔〔獅子ㅣ 저홀〕S 의〕NP 업슬씨(월석2:38)

(47) 〔〔두 律師ㅣ 各各 譜 밍ㄱ론〕S 의〕NP 잇거늘(월석서:18)

롤

(48) 〔〔五百 外道ㅣ 그르 아논〕S 의롤〕NP...(월석1:9)

(49) 〔〔해 드른 사ㄹ미 邪의 더러욘〕S 의롤〕NP 브트샤(능엄1:37)

(50) 〔〔盟誓 發願혼〕S 의롤〕NP 혜논다 모ㄹ논다(석상6:8)

이라

(51) 이 사ㄹ몬〔〔如來 브룐〕S 의〕NP (이)며(법4:76)

(52) 〔〔내 나혼〕S 의〕NP (이)니(법2:222)

(53) 내 〔〔이 世尊ㅅ 브리샨〕S 의〕NP (이)라(법4:200)

　　'이'는 격조사와의 통합이 자유롭고 명사적으로 기능하며 명사구내
포문을 구성하며 '-오-'가 선접된다.

5) 앛

온

(54) 〔〔부톄 이리 니ㄹ샨〕S 아촌〕NP...(금삼4:27)

(55) 〔〔善現이 奇特혼〕S 아촌〕NP...(금삼2:8)

올

(56) 〔〔이엔 經의 勝혼〕S 아출〕NP(금삼3:2)

이라

(57) 〔〔이 相올...效ᄒ샨〕S 앛〕NP 이니라(금삼3:36)

　　'앛'은 「金剛經三家解」에서만 용례를 보이고 주격조사 '이'와의 통합

형을 찾을 수 없지만 다른 격조사와 통합하여 명사구내포문을 구성하
며 '-오-'가 선접된다.

6) 줄

　은
(58) 〔〔數ㅣ …八百 두외논〕S 주른〕NP…(석상19:9)

　이
(59) 〔〔衆生이…더 알외욜〕S 주리〕NP 업슬씩(금삼2:2)

　을
(60) 首陁會天이〔〔須達이 버릇 업순〕S 주를〕NP 보고(석상6:21)
(61) 〔〔衆生돌히…貪着혼〕S 주를〕NP 아라(석상13:55)
(62) 〔〔眞如法이 ᄒ나히론〕S 주를〕NP…(능엄4:13)

　이라
(63) 〔〔이 病 업스샨〕S 줄〕NP 이라(석상23:44)
(64) 〔〔이 업디 아니 ᄒ샨〕S 줄〕NP 이라(석상23:44)

　로
(65) 〔〔中 두외디 몯홀〕S 줄로〕ADVP 허르시니라(능엄1:72)

　'줄'은 격조사와 자유롭게 통합하여 명사구내포문을 구성하여 '-오
-'가 선접되지만 (65)의 '로'와의 통합에서는 '-오-'가 선접되지 않았
으며 이 의존명사구문이 전체문에서 갖는 통사적 기능은 ADVP로 분
석될 수 있다. '로'는 劉昌惇(1973ㄱ)에서 '부사격'으로 분류되었는
데 '이', '올', '이라'보다는 훨씬 명사성이 덜 하다고 볼 수 있는 것이
다. 그러므로 NP 〉 ADVP의 변천과정에서 '-오-'가 소멸된 것으로
설명할 수 있다.

7) 닷

　이라
(66) 〔〔菩提心 發티 아니 혼〕S 닷〕NP 이니(월석9:20)
(67) 〔〔妄想올 쓰논〕S 닷〕NP 일씨니(능엄1:43)

　ᄋ로

　ㄱ.
(68) 〔〔사ᄅ미…모딘 일 지순〕S 다ᄉ로〕NP(월석1:46)
(69) 〔〔眷屬돌히 惡因지ᅌᅡᆫ〕S 다ᄉ로〕NP(월석21:105)

　ㄴ.
(70) 〔〔緣影이 다 업스신〕S 다ᄉ로〕ADVP(법6:83)
(71) 〔〔여러 가짓 相見을 여희신〕S 다ᄉ로〕ADVP(월석18:35)

　'닷'은 모든 격조사와 자유롭게 통합하지는 않지만 '이라', 'ᄋ로'
와 통합하여 명사구내포문을 구성할 때에는 '-오-'가 선접된다. 그러
나 'ᄋ로'와 통합하는 구성에서는 (70), (71)과 같이 '-오-'를 취하
지 않은 예가 보이는데 이는 'ᄋ로'에 통합된 구문이 부사화하기 쉬워
NP 〉ADVP의 과정으로 변화하고 있다고 설명할 수 있을 것이다.

　이상으로 살펴본 '것, 바, 곧, 이, 앚, 줄, 닷'의 보편성의존명사는
의존명사 중에서 명사성이 강한 것들이다. 이들은 격조사와 자유롭게
통합하며 주로 주어, 목적어, 보어 등의 통사적 성분으로 기능하여 명
사구내포문(NP)을 구성하며 이 때 선어말어미 '-오-'의 선접은 필수
적이다. 이들 중에서 '줄', '닷'은 'ᄋ로'와 통합될 때 부사화하여 부사
구(ADVP)를 구성하므로 '-오-'를 취하지 않았는데 이는 다음에 살펴
볼 의존명사구문들이 구성하는 부사구의 예를 통하여 명사구(NP)를
구성하는 의존명사구문들과의 차이가 더욱 확실해질 것이다. 이러한
부사구의 구성에 '-오-'가 선접되지 않는다는 것은 '-오-'가 명사구를

구성하는 통사적 기능을 가진 형태소임을 확인시켜 주는 것이다.

8) 양①②

양①

(72) [[히 디논]S 야이]NP 드론 봅 곤거든(월석8:6)
(73) [[네 죽사릿 바루래 잇논]S 양]NP 이오(월석1:17)
(74) [[제 홀]S 양으로]NP 흐게 흐라(석상6:27)
(75) [[菩薩ㅅ 道理 行흐시논]S 양도]NP 보며(석상13:14)

양②

(76) [[거슬뜬]S 양]ADVP 흐논 難이어나(월석9:54)
(77) [[웃사롬두고 더은]S 양]ADVP 흐야(석상9:14)
(78) [[알픠 니르던]S 양]ADVP 다히(석상9:33)

'양①'의 예들은 조사와 통합하여 명사구내포문을 구성하므로 '-오-'가 선접되나, '양②'의 예들은 조사와 통합하지 않고 '흐다'와 통합하여 부사적 기능을 하므로 '-오-'가 선접되지 않았다. 이와 같이 '양'은 보편성의존명사와 부사성의존명사의 두 기능을 가지고 있었음을 알 수 있다.

9) 적(제)

ㄱ.

(79) [[隱太子ㅣ 嫌恨 지서신]S 적글]NP 當흐야(내훈2:91)
(80) [[부터 겨신]S 적과]NP 쌔줏홀씨라(능엄1:2)
(81) [[霽時ㅣ 흐마 니를]S 쩍]NP 이라(금강:4)
(82) [[흐마 주글]S 쩰]NP 디러(법2:222)

ㄴ.

(83) [[내 지븨 이싫]S 저긔]ADVP 여듧 나랏 王이…(석상6:7)

(84) 〔〔이 짜해 精舍 이르슨볼〕S 쩨도〕ADVP 이 개야미…(석상6:37)

(85) 〔〔지벽로 도라오싫〕S 제〕ADVP 열희…(용가18)

　'적(적)'은 시간을 나타내는 의존명사로 '언제'라는 의미역을 담당하므로 통사적 성분이 부사어가 되는 특성을 갖는다. 그러므로 문장구성에서 흔히 부사어(ADVP)가 되는데 ㄱ의 (79)-(82)와 같이 NP를 구성하기도 한다. 그러나 의미적으로는 역시 부사어적 특성을 지녀 NP 〉ADVP의 과정에 있으므로 '-오-'가 선접되지 않은 것으로 보인다. 후술하겠지만, 시간을 나타내는 자립명사 앞에서도 흔히 '-오-'가 선접되지 않는다.

　10) 숯

　ㄱ.
(86) 〔〔南北東西예 그츤〕S 스치〕NP 업거늘(남명상:13)

　ㄴ.
(87) 〔〔時節이 歇홇〕S 숯〕ADVP 업스며(능엄7:24)

(88) 〔〔ᄒᆞᇆ 風流ㅣ 그츯〕S 숯〕ADVP 업스니(월석7:58)

(89) 〔〔무슴매 그츯〕S 숯〕ADVP 업시(능엄7:23)

　'숯'은 주로 '없다'와 통합하는 제약성을 갖는, 시간을 나타내는 부사성의존명사로 '-오-'가 선접되지 않는다. (86)에서처럼 명사적 기능(주어)을 가지고 있다가 '없다'와의 관용화된 표현으로 인해 부사화한 것으로 보인다. (86)이 명사구내포문을 구성하는데도 '-오-'가 선접되지 않은 것은 '숯'이 시간을 나타내는 의존명사이기 때문이다.

　11) 뎓

　ㄱ.
(90) 〔〔밥 머글〕S 뎓만〕NP 너기더니(법1:106)

ㄴ.
(91) 〔〔밥 머굻〕S 뎔만뎡〕ADVP 長常이 이롤 싱각ᄒ라(월석8:8)

'뎔'도 시간을 나타내는 의존명사로 명사구(NP)와 부사구(ADVP)를 구성하나 '-오-'는 선접되지 않았다.

이상 '적(제), 슻, 뎔' 등의 시간을 나타내는 의존명사에는 절대로 '-오-'가 선접되지 않는 것을 볼 수 있는데 이는 이들이 의미상 부사적으로 기능하기 때문이다. 이를 통하여 '-오-'가 명사적 기능을 하는 의존명사 앞에 선접된다는 것을 우리는 다시 확인할 수 있다. 시간을 나타내는 의미역(semantic role)이 부사화하기 쉬운 것에 대하여는 후에 다시 논하게 될 것이다.(3.4 참조)

12) 만

ㄱ.
(92) 〔〔施主ㅣ …布施ᄒ옳〕S 만〕ADVP ᄒ야도(석상19:4)
(93) 〔〔道애 나ᅀᅡ 갏〕S 만〕ADVP ᄒ라(능엄6:108)
(94) 〔〔하ᄂᆞᆶ해 낧〕S 만〕ADVP 커니와(능엄8:73)
(95) 〔〔모맷 ᄢ 두욿〕S 만〕ADVP ᄒᄂ니라(내훈1:11)

ㄴ.
(96) 양지 摩耶夫人만 몯ᄒ실ᄊᆡ(석상6:1)
(97) ᄒᆞᆫ 거름 나소 거룸만 몯ᄒ니라(석상6:20)
(98) 사ᄅᆞᆷ이라도 즁싱만 몯호이다(월곡143)
(99) 衆生ᄋᆞᆯ 프ᅀᅥᆼ귀만 너기ᄂ니(석상6:28)

'만'은 부사성의존명사로서 'ᄒ다'와 통합하여 부사어의 기능을 하기 때문에 '-오-'가 선접되지 않으며 ㄴ의 (96)-(99)의 예는 N2 〉 N3의 변화가 이루어졌음을 나타낸다. 그러므로 '만'은 명사적 기능과는 상당히 멀어진 의존명사라 할 수 있다.

13) 숀①②

ㄱ. 숀①
(100) 〔〔오직 能히 외와 니를〕S 숀〕ADVP ᄒ고(금강서:9)
(101) ᄒ갓〔〔〔뮈다〕S 홀〕S 숀〕ADVP ᄒ면(월석2:14)
(102) 〔〔사ᄅ미 제 몸 닷골〕S 숀〕ADVP ᄒ고(석상13:36)

ㄴ. 숀②
(103) 〔〔비롤 브르게 홀〕S 숀〕NP 이로다(두시초8:27)
(104) 〔〔ᄒ갓 말ᄉ미 이실〕S 숀〕NP 이언뎡(능엄3:71)
(105) 〔〔즉자히 도로 니저 ᄀᆞ불〕S 숀〕NP 이니(석상6:11)
(106) 〔〔法이 두욀〕S 숀〕NP 아니라(내훈2:93)
(107) 〔〔菩薩ㅅ 어머니미 地獄 버슬〕S 숀이〕NP 아니라(월석21:36)

ㄷ.
(108) 나숀 尊ᄒ오라(석상6:17)
(109) 제 몸숀 됴히 츄미라(석상13:36)
(110) 네 보라숀 니ᄅ시고(능엄3:96)
(111) 二軍鞠手숀 깃그니이다(용가44)

'숀①'은 부사성의존명사로서 'ᄒ다'와 통합하여 부사적 기능을 나타내며 '-오-'가 선접되지 않는다. '숀②'는 보어 성분으로 쓰여 통사구조상 명사구내포문을 구성하나 '이다', '아니다' 등과의 제약된 통합만을 하며 앞의 관형절보다는 뒤의 서술어와 통합하려는 성질이 강해 명사적 기능을 잃고 서술적 기능을 가지게 되었다고 볼 수 있다. 그러므로 '-오-'는 선접되지 않았다. ㄷ의 (108)-(111)의 '숀'은 N2 〉 N3의 변화가 이루어졌음을 보여 준다.

14) ᄯ롬

ㄱ.
(112) 〔〔그 마리 理예 至極홀〕S ᄯ롬〕NP 이오(원각서:9)
(113) 〔〔便安킈 ᄒ고져 홀〕S ᄯ롬〕NP 이니라(훈민)

(114) 〔〔엇뎨 돌로 化호〕S 또롬〕NP 이리잇고(능엄2:7)

(115) 〔〔外道ㅣ ...사물〕S 또루미〕NP 아니라(능엄2:25-6)

(116) 〔〔〔得ᄒ샨〕S 배 업슬〕S 또롬〕NP 아니라(금삼2:59)

ㄴ.

(117) 또 잇븐 觸또루미라(능엄3:12)

(118) 千萬佛또루미 아니라(금삼3:33)

(119) 草木또롬 니루시고(법화3:36)

(120) 엇뎨 億萬또루미리오(능엄 :4)

ㄱ의 (112)-(116)의 '또롬'은 통사구조상 명사구(NP)를 이루나 '이다', '아니다'와만 통합하는 제약성을 가지며 뒷 서술어와 긴밀히 통합하여 서술적 기능을 가지므로 '-오-'는 선접되지 않는다. (117)- (120)의 '또롬'은 N2 〉 N3의 변화가 이루어졌음을 말해 준다.

이상의 '만, 뿐, 또롬'은 부사성·서술성 의존명사로서 모두 N2 〉 N3의 변천도 보여 주며 명사성이 극히 약하여 선어말어미 '-오-'는 절대로 선접되지 않는다. 그러므로 명사구내포문을 구성하는 의존명사로서의 기능은 매우 약해졌다고 볼 수 있다.

다음은 'ᄃ', 'ᄉ'계열의 의존명사구문에 대한 분석을 시도할 것이다. 'ᄃ', 'ᄉ'는 기원적으로 '장소'와 '시간'을 나타내는 위치(처소)명사로 알려지고 있는데 그 의미영역이 넓어져 일반 사물을 지칭하게 되었으며 추상성이 매우 높은 명사이다. 또한 단독형으로 쓰이기보다는 중세국어에서 여러가지 형태의 곡용형들이 화석화하여 발전하였으며 'ᄃ'와 'ᄉ' 계열간에 '둔 - 손 ; 디 - 시 ; 돌 - 솔 ; 듸 - 싀'의 대응형들을 찾아 볼 수 있다. 이들은 각기 나름대로의 다른 통사적 기능을 발휘하므로 각각 독립된 하나의 의존명사로 기술한다. '-오-'의 출현 여부도 이들이 갖는 통사적 기능에 따라 다르다. 그것은 이들의 명사성에 각각 차이가 있기 때문이다. 'ᄃ', 'ᄉ' 계열의 의존명사들은 중세국어에 이미 N2 〉 N3의 변천을 겪고 있어서 '보편성의존명사 〉

부사성의존명사 〉 어미'의 과정을 보여 준다. 즉 명사가 어미화하는 과정에서 부사화의 과정을 겪는다고 볼 수 있는데 이러한 변천과정에서 '-오-'가 소멸하고 있으며 또한 '-오-' 출현의 불규칙성을 보이고 있다. 그러나 이러한 불규칙성은 표면적인 것이며 통시적인 관점에서 보면 명사성의 소멸이라는 규칙 아래에서 체계화해 볼 수 있는 것이다.

이 곳에서는 'ᄃ', 'ᄉ' 계열의 의존명사구문을 N2 〉 N3의 관점에서 살펴보며 '-오-'의 출현 여부로 명사성의 정도를 확인해 볼 것이다. 'ᄉ'계열은 'ᄃ'계열에 비해 어미화의 정도가 더하며 '-오-'가 선접된 형을 찾아 볼 수가 없다. 그러므로 우리는 'ᄉ'계열은 'ᄃ'계열보다 명사성의 정도가 낮아 의존명사로 기능하기보다는 중세국어에서 이미 어미화의 길을 가고 있었다고 할 수 있을 것이다. 그러나 'ᄉ'계열 가운데에서도 어미화의 정도에는 각 곡용형에 따라 또한 차이가 있다.

15) 디①②③

ㄱ. 디①

(121) 〔〔아죨ᄒ야 모ᄅ논〕S 디〕NP 어린 아히 곧도다(남명하:30)

(122) 〔〔覺이 거스논〕S 디〕NP 아니며(원각서:61)

(123) 〔〔구틔여 다ᄅ 말 홀〕S 디〕NP 아니니라(능엄1:23)

(124) 〔〔香과 臭왜 둘히 업슬〕S 디〕NP (이)라(능엄3:47)

(125) 〔〔모로매 次第로 글올〕S 디〕NP 이다(능엄5:26)

(126) 〔〔반ᄃ기 아롤〕S 디〕NP (이)로다(능엄2:72)

(127) 〔〔깃븐 ᄆ숨 내디 마롤〕S 띠〕NP (이)어다(몽산18)

(128) 〔〔이 곧흔....닐올〕S 띠〕NP (이)며(능엄3:54)

(129) 〔〔沙門과...恭敬혼〕S 디〕NP (이)면(석상6:29)

(130) 〔〔識이 香을 因ᄒ야 잇논〕S 디〕NP (이)니(능엄3:47)

(131) 〔〔어루 닐올〕S 디〕NP (이)나(금삼3:9)

ㄴ. 디②

(132) 〔〔현맛 劫을 디난〕S 디〕NP 모르리로소니(월석14:9)

(133) 나는 〔〔뉘 正호〕S 디〕NP 〔〔뉘 갓고〕S 디〕NP 아디 몯ᄒ노이다
(능엄2:12)

(134) 〔〔아모 고티 갼〕S 디〕NP 모르노이다(월석21:27)

(135) 〔〔이 내홀 건내논 功인〕S 디〕NP 아노라(두시중15:35)

ㄷ. 디③

(136) 〔〔妻眷 두외얀〕S 디〕NP 三年이 몯 차 이셔(석상6:4)

(137) 〔〔아돌와 여희연〕S 디〕NP 쉬나몬 ᄒᆡ로티(법2:189)

(138) 〔〔飜譯ᄒ야 오난〕S 디〕NP 거의 八百 ᄒᆡ니(법서:21)

(139) 〔〔한 사르미 邪曲혼 道理 비환〕S 디〕NP 오라아(석상6:28)

ㄹ.

(140) 반두기 볼고몰 보디 몯 ᄒ리로다(능엄2:100)

(141) 흐리디 아니ᄒ며 시드 아니홀씨(원각서:3)

(142) 네 布施ᄒ논 ᄆᆞᅀᆞ몰 허디 말라(월석1:13)

(143) 또 ᄆᆞᅀᆞ몰 가져 아로몰 기들우디 마롤 디니라(법어:31)

ㅁ.

(144) ᄆᆞ슬히 멀면 乞食ᄒ디 어렵고(석상6:23)

(145) 내 겨지비라 가져가디 어려볼씨(월석1:13)

(146) 一初世間앳 信티 어려븐 法을(석상13:27)

'디①'은 '것이'의 의미에 해당하는데 주어, 보어 등의 명사적 기능으로 명사구내포문을 구성하여 '-오-'가 선접되었다. 특히 '이다' 앞의 '디'는 중세국어 전반을 통하여 '이다'의 활용과 더불어 활발하게 사용되었는데 현대국어의 '것이다'에 해당하는 것이다. 이 '디'를 어미로 처리하는 수가 있으나 통사구성에서 주어, 보어 등의 명사적 기능을 갖는 내포문명사로 분석되므로 의존명사이다.66) '-디라, -디로다, -디어다, -디며, -디면, -디니, -디나 …' 등을 각각 독립된 어미

로 분류하는 것은 문법기술의 경제성에도 어긋나는 것이다. '것이다, 것이며, 것이면, 것이니 ...' 등을 활용어미로 설정할 수 없는 것과 같이 중세국어에서의 '디'는 '-오-'를 항상 취한 것을 보더라도 그 명사성을 충분히 인정하여야 한다.

'디②'는 '지, 줄'의 의미를 가지며 '알다', '모르다'와만 제한적으로 통합하여 NP 〉 ADVP의 과정에 있어 부사어로도 분석될 수 있으며 '-오-'가 선접되지 않았다.

'디③'은 기간을 나타내며 부사화의 과정에 있어 ADVP로도 분석될 수 있으며 '-오-'를 선접하지 않는다. 이는 시간을 나타내는 의존명사에서의 설명과 같다.

ㄹ과 ㅁ의 (140)-(146)은 N2 〉 N3의 변화가 이루어져 어미화한 예들로서 관형화어미까지 탈락되었다. ㄹ의 (140)-(143)은 '-디'〉'-지', ㅁ의 (144)-(146)은 '-디'〉'-기'로 각각 변천하였으며 '-디'〉 '-지'는 음운론적 변천이고 '-디'〉'-기'는 통사 기능상의 교체이다.[67] ㄹ의 '-디'는 劉昌惇(1973ㄱ)에서 '否定副詞形전성어미'로, 許雄(1975)에서는 ㄹ의 '-디'는 '연결법', ㅁ의 '디'는 '이름법맺음씨끝'으로 설정하였다.

16) 되①②

되①

ㄱ.

(147) 〔〔覺知 分別 心性이 다 잇논〕S 되〕NP 업스니라(능엄1:74)
(148) 〔〔身心의·顚倒 잇논〕S 딀〕NP 아디 몯더니(능엄2:15)

---

66) 李崇寧(1981)에서는 '두', '亽' 계열의 의존명사들을 '-두-系 活用', '-亽-系 活用'으로 부르면서 활용어미로 취급하고 있다.
67) '-디'의 '-기'로의 교체는 4.3 참조.

(149) 곧〔〔므슴 잇논]S 틴]NP (이)로다(능엄1:64)
(150) 〔〔法이 심기샨]S 틴]NP 이쇼물 證홀 ᄯ루미라(능엄1:23)
(151) 〔〔오직 ᄠ듸 잇논]S 틴]NP (이)오(능엄1:4)

ㄴ.
(152) 〔〔如來 겨신]S 틴롤]NP 모루ᅀᆞ바이다(석상11:10)
(153) 〔〔도ᄌ기 겨신]S 틴]NP 무러(용가62)
(154) 淨居논 〔〔조호 모미 사논]S 틴]NP (이)라(월석1:34)
(155) 派논 〔〔믈 논화 흘러 가논]S 틴]NP (이)오(금삼2:37)

ㄷ. 틴②
(156) 〔〔生死ㅣ 長遠호]S 틴]ADVP 眞實ㅅ 知見 업서(법3:172)
(157) 〔〔다시 셜법ᄒ신]S 틴]ADVP 슈다환을 득ᄒ시고(지장:1)

ㄹ.
(158) 믈ᄊᆞ믈 술ᄫᅳ리 하틴(용가13)
(159) 願ᄒ수온틴(관음상:25)
(160) 이럴ᄊᆡ 道 비호틴(능엄5:8)

'틴'는 장소를 나타내는 의존명사인데, 후술하겠지만 장소를 나타내는 명사 앞에서 '-오-'의 출현은 불규칙하다. 위의 예에서도 ㄱ의 '틴①'의 예들에서는 '-오-'가 선접되었고 ㄴ의 '틴①'의 예들에서는 '-오-'가 선접되지 않았다. ㄷ의 '틴②'는 부사화하여 '-오-'가 선접되지 않은 예이다. ㄹ의 (158)-(160)은 N2 〉N3의 변화로 어미화한 예로서 '-오틴', '-틴' 등의 어미를 구성하며 이들은 劉昌惇(1973ㄱ)에서 '구속형어미'들로, 許雄(1975)에서는 '제약법맺음씨끝'으로 설정된 것들이다.

17) 대

ㄱ.
(161) 〔〔부톄 各各 이긔욜]S 뗄]NP 조ᄎ샤(법3:19)

(162) 〔〔부톄 各各 홇〕S 대롤〕NP 조차(월석13:51)

(163) 〔〔히믜 바돌〕S 뗄〕NP 조차(법3:41)

ㄴ.

(164) 須達이 무른대(석상6:35)

(165) 目連이...이 辭緣을 술본대(석상6:6)

(166) 天女를 보건댄(월석7:12)

(167) 시혹 붓그리디 아니호댄(두시중22:10)

ㄱ의 (161)-(163)은 의존명사구문이 목적어 기능을 하여 명사구내 포문을 구성하므로 '-오-'가 선접되었다. ㄴ의 (164)-(167)은 N2 〉 N3의 변화가 이루어져 어미화한 예들이다. 劉昌惇(1973ㄱ)에서는 '-ㄴ댄'은 '假定의 구속형어미'로, '-대'는 '설명형어미'로 설정되었으며 許雄(1975)에서는 '-ㄴ대', '-ㄴ댄'이 '제약법맺음씨끝'으로 설정되었다.

18) 둘

ㄱ.

(168) 〔〔一切諸佛이 이 經브터 나샨〕S 돌〕NP 알리니(금강서:6)

(169) 〔〔이제ᅀᅡ 일우샨〕S 돌〕NP 優陁耶ㅣ 술봉니이다(월곡115)

(170) 〔〔報身 化身이 實 업스샨〕S 돌〕NP 볼기니라(금삼2:31)

(171) 〔〔그지 업슨 됴훈 消息이 가존〕S 돌〕NP 알리오(금삼3:30)

(172) 〔〔세히 도른혀 훈 고돌 向호야 사논〕S 돌〕NP 볼겨 니른샤티

(금삼3:2)

ㄴ.

(173) 〔〔一切 法이 곧 ᄆᆞᅀᆞ미 自性인〕S 돌〕NP 아라(원각서:62)

(174) 〔〔제 몸 주글〕S 돌〕NP 모른ᄂᆞ니이다(월석7:18)

(175) 〔〔迦葉의 옳〕S 돌〕NP 아른샤(월곡147)

(176) 〔〔一千世尊이 나싫〕S 돌〕NP 아니(월석1:21)

(177) [[[무수미 고루디 아니타]S 후신]S 돌]NP 후마 아숩고(능엄
1:34)

ㄷ.

(178) 오라 호돌 오시리잇가(용가69)
(179) 使者롤 보내신돌 七代之王올 뉘 마구리잇가(용가15)
(180) 전 무리 현 버늘 딘돌 三十年 天下 ㅣ 어시니(용가30)
(181) 塞外北狄인돌 아니 오리잇가(용가53)
(182) 冠服이 비록이신돌 죵과 므스기 다루리오(내훈1:30)

ㄹ.

(183) 업시오돌 아니 후노니(석상19:29)
(184) 먹돌 슬히 너기나니(월석17:19)
(185) 오히려 볼기돌 못후야(능엄2:67)
(186) 法 듣돌 아니 후리라(월석2:36)

ㄱ의 (168)-(172)의 '돌'은 목적어로 기능하여 명사구내포문을 구성
하므로 '-오-'가 선접되나, 중세국어에서 이미 '돌'이 N2 〉 N3의 변화
가 이루어지고 있으므로 ㄴ의 (173)-(177)의 예는 명사구(NP)를 구성
함에도 '-오-'를 취하지 않는 불규칙성을 보이며 주로 '알다', '모르다'
등의 제한된 분포를 보인다. 이는 NP 〉 ADVP의 과정으로 설명될 수 있
다. ㄷ과 ㄹ의 (178)-(186)은 N2 〉 N3의 변화가 이루어져 어미화한
것을 보이는데 ㄷ의 (178)-(182)는 관형화어미가 탈락되지 않은 예로서
劉昌惇(1973ㄱ)에서는 '방임형어미'로, 許雄(1975)에서는 '불구법맺음
씨끝'으로 설정되어 있다.68) ㄹ의 (183)-(186)은 관형화어미까지 탈락
한 예인데 劉昌惇(1973ㄱ)에서는 '-ㄴ돌'과 같이 '방임형어미'로, 許雄
(1975)에서는 '연결법맺음씨끝'으로 설정되었다.

---

68) '-인돌'은 許雄(1975:393)에서는 '-ㄴ돌'과는 달리 도움토씨로 따로 설정되었다.

19) 둔

ㄱ.

(187) 〔〔서르 보논〕S 둔〕NP 恭敬ᄒ야(내훈1:77)
(188) 〔〔賤子ㅣ 請ᄒ〕S 둔〕NP 다 베퍼 닐오리라(두시重19:1)

ㄴ.

(189) 〔〔願ᄒ〕S 둔〕NP 내 生生애…ᄃ외아지라(월석1:11)
(190) 〔〔念ᄒ〕S 둔〕NP 너논…호몰 니기 ᄒ라(두시重8:53)
(191) 〔〔願ᄒ〕S 둔〕NP 니르쇼셔(석상13:45)
(192) 〔〔願ᄒ〕S 둔〕NP 分別 마르쇼셔(월석18:19)
(193) 〔〔勸ᄒ〕S 둔〕NP 그디논 嘆恨ᄒ디 말라(두시重19:48)

ㄷ.

(194) 艱難ᄒ 사롬 보아둔(석상6:15)
(195) 됴ᄒ 法이 오나둔(월석7:47)
(196) ᄯ 바롤 다려둔(능엄1:68)
(197) 힘뿌미 져구몰 아라둔 歡喜롤 내디 마롤 디니(법어:14)
(198) ᄒ듸 가 듣져 ᄒ야둔(월석17:51)
(199) 六識이 能히 지서둔(능엄4:91)

　ㄱ의 '둔'은 목적어로서 명사적 기능을 하고 있으나 N2 〉 N3의 과정에 있으므로 '-오-'의 출현이 불규칙하다. ㄴ의 (189)-(193)의 '둔'은 명사성을 인정할 수 있으나 상당히 관용화되었으며 NP 〉 ADVP의 과정으로 설명할 수 있다. ㄷ의 (194)-(199)의 '둔'은 N2 〉 N3가 이루어져 어미화한 예이다. 이는 劉昌惇(1973ㄱ)에서 '假定의 구속형어미'로 설정되었다.

　20) 돗①②

　ㄱ. 돗①
(200) 〔〔前生앳 이리 어제 :본〕S 돗〕NP ᄒ야(석상6:9)
(201) 〔〔衆生이…眞珠 헤튠〕S 돗〕NP ᄒ니라(금삼2:12)

(202) 〔〔피릿 소릴 든논]S 도]NP ㅎ더니라(두시6:41)
(203) 〔〔제모맷 고기롤 바혀 내논]S 도시]NP 너겨 ㅎ며(월석9:29)

ㄴ. 도②
(204) 〔〔잇논]S 도]ADVP 호딕(능엄9:30)
(205) 〔〔서르 섯근]S 도]ADVP 疑心ᄃ외도다(능엄2:98)
(206) 〔〔濟度호몰 몯홇]S 도]ADVP 疑心ᄃ왼 젼추로(능엄1:26)
(207) 〔〔잇논]S 도]ADVP 〔〔업슨]S 도]ADVP ㅎ고(법3:147)
(208) 〔〔僧齋롤 ㅎ도]S 디시]ADVP ㅎ니(월석23:65)

ㄷ.
(209) 눉므를〔〔비 오도]S]ADVP 흘리시고(월석8:94)
(210) 〔〔百姓이 져재 가도]S]ADVP 모다 가(월석2:7)
(211) 〔〔ᄀᄆ니 잇논 그르세 담도]S]ADVP ㅎ니(능엄4:89)

'도①'은 명사구내포문을 구성하며 '-오-'가 선접되었다. 그러나 'ㅎ다' 등과만 통합하고 조사와는 통합하지 않는 특성을 보인다. 이러한 통합상의 제약성이 부사화의 원인이 되었을 것이다. '도②'는 부사화한 예이며, ㄷ의 (209)-(211)의 예는 어미화한 예로서 이 '-도'은 더 이상 내포문명사로 기능하지 않고 통합소인 '-ㄴ', '-ㄹ'도 빠졌으며 許雄(1975)에서 '흡사법맺음씨끝'으로 설정되었다. '도'은 NP 〉 ADVP 〉 어미의 변천을 보여 주는 의존명사인 것이다.

21) 동

ㄱ.
(212) 〔〔아모 ᄃ라셔 온]S 동]NP 모ᄅ더시니(월석2:25)
(213) 〔〔넉시 어느 趣예 간]S 동]NP 몰라이다(월석21:27)
(214) 〔〔이 이리 겨신]S 동]NP 몰라 ㅎ더니(월석21:6)

ㄴ.

(215) 〔〔잇ᄂᆞ 동〕S〕ADVP 〔〔업슨 동〕S〕ADVP ᄒᆞ노다(두시重2:7)

'동'은 조사와 통합할 수 없고 '모ᄅᆞ다'와만 통합하는 등 통합상의 제약을 보여 그 기능이 위축되었으므로 명사적 기능에서 부사화하는 과정에 있어 '-오-'는 선접되지 않았다. 후에는 (215)에서처럼 '-동, -동'으로 관용화하여 어미로 쓰이는데 劉昌惇(1973ㄱ)에서는 이를 '未審形語尾'로 설정하였다.

'ᄃᆞᆺ'과 '동'은 'ᄉ'계열과의 대응형을 찾을 수 없고 곡용 형태를 분석해 내는 데에 어려움이 있지만 형태상 'ᄃᆞ'와 관련되어 있고 중세국어에서 'ᄃᆞ'계가 보이는 통합상의 제약성으로 인한 N2 〉N3의 변천을 겪고 있는 등 의존명사로서의 불안정성을 함께 가지고 있어 'ᄃᆞ'계 의존명사로 분류한다.

22) 시

ㄱ.

(216) 〔〔져머셔 아비 업슬〕S 시〕NP 孤ㅣ오(원각서:77)
(217) 〔〔님금 셤기ᅀᆞᆸ돌 힘ᄀᆞ장 홀〕S 씨〕NP 忠이라(월석2:63)
(218) 〔〔얼굴 ᄀᆞ졸〕S 씨〕NP 體오(석상13:41)
(219) 〔〔耳形이 소리예 觸홀〕S 씨〕NP 닐온 ᄃᆞ로미니(능엄3:40)
(220) 〔〔眞에 여희디 아니 홀〕S 씨〕NP 닐온 至人이오(법1:14)

ㄴ.

(221) 〔〔命終은 목숨 ᄆᆞ촐〕S 씨〕NP (이)라(석상6:3)
(222) 義ᄂᆞᆫ〔〔諸法 ᄠᅳ들 ᄉᆞᆺ 마톨〕S 씨〕NP (이)오(법1:37)
(223) 濟度ᄂᆞᆫ〔〔믈 건널〕S 씨〕NP (이)니(월석1:11)

ㄷ.

(224) 셜븐 일도 이러 홀ᄊᆡ(석상6:5)

(225) 몬 호씌 가면 호다가 일을쎄라(삼강忠:30)
(226) 오직 아바님 病이 됴호실시언뎡(월석21:216)

ㄱ의 (216)-(220)의 '시'는 주어로서 명사적 기능을 하나, N2 〉
N3의 변화가 이루어지고 있으므로 '-오-'가 소멸한 것으로 설명할 수
있다. ㄴ의(221)-(223) 의 '시'는 '이다'의 활용형과 쓰여 의존명사
로서 기능하며, 이를 어미로 분석하지 않는 것은 '디①'에서의 설명과
같다. ㄷ의 (224)-(226)의 예는 어미로 볼 수 있는데 '-ㄹ쎄'는 劉昌
惇(1973ㄱ)에서는 '감탄형어미'로, 許雄(1975)에서는 '서술법맺음씨
끝'으로 설정하고 있다. '-ㄹ시언뎡'은 許雄(1975)에서 '제약법맺음
씨끝'으로 설정되어 있다. 그러나 N2 〉 N3의 통시적인 변화가 일어
나고 있기 때문에 이러한 분석의 한계가 명확하지는 않다.

23) 싀

ㄱ.
(227) 〔〔므던히 너길 무슴 업슬〕S 싀〕NP 일후미 菩薩이라(금강:9)
(228) 〔〔福慧 업슬〕S 싀〕NP 貧이라(원각서:77)
(229) 〔〔이 正호 닷고밀〕S 싀〕NP 닐오딕 親이라(원각서:4)
(230) 〔〔一切 다 恭敬호수올〕S 싀〕NP 술오딕 世尊이시니라(금강:8)

ㄴ.
(231) 〔〔一切ㅅ 因果를 내며 일울〕S 싀〕NP (이)라(원각서:70)
(232) 〔〔百萬 僧祇 功德을 디닐〕S 싀〕NP (이)오(원각서:70)
(233) 〔〔無色은 어루 볼 꺼시 아닐〕S 싀〕NP (이)니라(법1:62)
(234) 〔〔錯亂히 닷가 니긴 다실〕S 싀〕NP (이)니(능엄1:82)
(235) 〔〔法行이 구줄〕S 싀〕NP (이)며(법6:145)

ㄷ.
(236) 〔〔아둑하야 窮究티 몯호릴싀〕S〕ADVP 잘 호미 어려운 고디라
(법1:9)

(237) 〔〔하눐히 命ᄒ실씬〕S〕ADVP 뫼 톤 자히 건너시니이다(용가34)
(238) 〔〔德望이 뎌러 ᄒ실씬〕S〕ADVP 가다가 도라옳 軍士ㅣ …(용가25)
(239) 〔〔불휘 기픈 남ᄀᆞᆫ ᄇᆞᄅᆞ매 아니 뮐씬〕S〕ADVP 곶 됴코 여름 하ᄂᆞ니
(용가2)

ㄱ의 (227)-(230)의 '씨'는 주어, 목적어 등의 통사적 기능을 가지고 있는 의존명사이고, ㄴ의 (231)-(235)의 '씨'는 '이다'의 활용형 앞의 의존명사이다. 그러나 ㄷ의 (236)-(239)는 '-씨'로 이끌린 절이 통사구조상 부사절을 이루며 '-씨'는 더 이상 내포문명사로 기능하지 않는 어미이다. 劉昌惇(1973ㄱ)에서는 '-ㄹ씨'를 '구속형연결어미'로, 許雄(1975)에서는 '제약법맺음씨끝'으로 설정하였다.

24) 슐

(240) 〔〔法을 업시우며 ᄂᆞ믈 업시울〕S 슐〕NP 닐오디 增上慢이라(법1:172)
(241) 〔〔煩惱 바ᄅᆞ래 걷내야 내실〕S 슐〕NP 濟渡ㅣ라 ᄒᆞᄂᆞ니라(월석1:11)
(242) 〔〔업슨 게 믄득 이실〕S 슐〕NP 닐오디 生이오(능엄7:75)
(243) 〔〔외욤 그츨〕S 슐〕NP 닐오디 佛性이오(능엄4:122)
(244) 〔〔젼ᄎᆞ줗이 드러내에 홀〕S 슐〕NP 닐온 自恣ㅣ라(능엄1:29)
(245) 〔〔種種히 發明홇〕S 슐〕NP 일후미 妄想이니(능엄2:61)

'슐'은 목적어로서 NP구성을 이루나 '닐오디' 등과 통합하여 관용적 표현으로 쓰이는 경향이 강하다. 이러한 통합상의 제약은 명사적 기능의 약화를 가져와 내포문명사로서의 기능을 잃어 가고 있으므로 '-오-'가 선접되지 않은 것으로 보인다.

25) 슌

(246) 엇디 효ᄉᆞᆫ 스숧 쩨혀(노언상:3)

'슌'은 매우 위축된 용례를 보이고 있는데 N2 〉 N3가 이루어져 어

미화하였다고 볼 수 있다. 劉昌惇(1973ㄱ)에서는 '-숟(-ㄹ숟)'을 '설명형어미'로 설정하고 있다.

이상으로 의존명사구문의 분석을 통하여 우리는 이들의 통사적 성분이 변천해 가고 있음을 포착할 수 있었다. 그 흐름은 명사성이 강한 성분에서부터 명사성이 약한 성분으로의 것이었다. 변천의 과정은 각 의존명사 나름대로 독립되어 진행되었으며 명사성이 강한 것은 그대로 명사로 남아 명사적 성분으로 기능하나, 그렇지 않은 것은 명사적 기능이 약화되어 부사어 혹은 문법적인 기능어(조사나 어미)로 쓰이게 됨을 성분분석을 통하여 살펴 볼 수 있었다.

즉 명사성이 강한 '것, 바, 곧, 이, 앗, 줄, 닷'은 명사구(NP)만을 구성하나 '양, 적(제), 숯, 딘' 등은 명사성의 약화로 주로 부사구(ADVP)를 구성하였다. 이들 부사어보다도 기능의 약화가 더한 단계에서 문법화(허사화)가 일어나는데 '만, 뿐, 쓰롬'에서는 조사화, '두', '스'계열에서는 어미화가 진행되었다.[69] 이러한 문법화 현상은 그 진행이 느리고 여러 단계를 거쳐 완성되지만 한 언어에 새로운 문법요소가 생겨나는 큰 변화이다.[70]

의존명사구문과 관련하여 이루어지는 문법화 현상에는 두 가지 유형이 분류될 수 있다. 첫번째는 의존명사구문의 통사적 구성이 그대로 남아 있는 채 문법화하는 형태이고, 두번째는 의존명사구문이 필수적으로 취하는 관형화어미 '-ㄴ', '-ㄹ'을 탈락시킨 채 문법화하는 형태이다. 전자에는 '-ㄴ대, -ㄴ돌, -ㄴ둥, -ㄹ쎠, -ㄹ쎄라, -ㄹ시언뎡, -ㄹ식, -ㄹ숟' 등이 속하고, 후자에는 '만, 뿐, 쓰롬, -디, -틔, -둘, -둔, -둣, -숟' 등이 속한다. 이 두 유형 중에서 우리에게 통사변화에 대한 단서를 제공하는 것은 첫번째 유형이다.

Givon(1971)에서는 통사변화에 대한 한 연구방법으로서 형태론적

---

69) 의존명사의 문법화에 대한 연구로는 金文雄(1975), 申碩煥(1978,1986), 안효필(1983), 鄭鎬完(1987), 李聖揆(1987) 등을 들 수 있다.
70) 권재일(1987:4)에서는 Arlotto의 용어를 빌어 문법화 현상을 '혁신적 변화(innovative)'에 속한다고 하였다.

자료에서 화석화 이전 단계의 통사론적 구성을 살펴 볼 수 있음을 설명하였다.[71] 우리는 의존명사구문의 변천과정에서 이러한 예를 찾아 볼 수 있는 것이다. 즉 관형절을 이끄는 관형화어미와 뒤의 의존명사가 통합하는 통사론적 구성이었던 것이 관형화어미와 의존명사와의 긴밀한 통합관계로 말미암아 어미화하여 관형화어미 '-ㄴ', '-ㄹ'과 뒤에 오는 의존명사는 더 이상 직접구성성분으로 분석될 수 없으며 의존명사는 내포문명사로 기능하지 않는 것이다.[72] 즉 의존명사의 명사성은 소멸되어 버린 것이다. 그러나 형태론적 구성을 이루고 있는 화석화된 어미형태에서 '관형화어미 + 명사'로서 통사론적 구성을 이루고 있었을 이전 단계의 통사론적 구성을 재분석해 낼 수 있는 것이다.

이러한 '관형화어미 + 의존명사 → (접속)어미'의 변천은 문구성에 변화를 가져다 주는 통사변화 현상으로, 내포문 구성이 접속문으로 변해가고 있음을 알 수 있다.[73] 남기심(1985), 유현경(1986)에서는 종속접속문을 내포문의 부사화로 본다. 내포문과 접속문의 통사상의 차이를 두지 않고 종속접속문을 일종의 부사구내포문으로 보는 것이다. 그렇다면 내포와 접속의 차이도 정도의 차이이며 그렇게 확연한 것이 아니라고 할 수 있다. 접속을 내포와 구분하든, 부사구내포문의 일종으로 보든 우리는 의존명사구문의 통시적 고찰을 통하여 NP > ADVP, N2 > N3의 변화 즉 명사성의 약화 내지는 소멸 현상을 포착할 수 있으며 확연한 통사구성상의 변화를 확인할 수 있는 것이다.

지금까지 의존명사의 문법화에 따른 일련의 통사변화 현상을 여기에서 설명하고 있는 것은 '-오-'를 명사구내포문을 구성하는 선어말어미로 규정함에 있어 의존명사구문의 변천과정이 이를 뒷받침해 주고 있

---

71) Givón(1971)은 "Today's morphology is yesterday's syntax"라는 원리 아래에서 통사적 구성을 시사할 수 있는 여러 형태론적 구성에 관하여 논하고 있다. (verb affixes, object pronouns, clitic object pronouns, relative pronoun, pre- & post-positions, genetive & noun compounds …)
72) 이런 방향의 접근은 권재일(1986, 1987), 鄭鎬完(1987)에서 이루어지고 있다. 권재일에서는 통사론적 구성 > 형태론적 구성으로, 정호완에서는 유착현상으로 설명하고 있다.
73) 徐泰龍(1979)에서도 이러한 설명을 하고 있다.

기 때문이다. 즉 '-오-'는 명사구(NP)를 구성하는 의존명사구문에만 선접되고 부사구(ADVP)나 어미를 구성하는 구문에는 선접되지 않는다. 그러므로 명사구를 구성하는 보편성의존명사 '것, 바, 곧, 이, 앛, 줄, 닷' 등이 관형절을 이끌어 내포문을 이룰 때 '-오-'의 선접은 필수적이다. 그러나 '적(제), 슻, 덛, 만' 등 주로 부사구를 구성하는 부사성의존명사나 '샏, 쓰룸' 등의 서술성의존명사에는 '-오-'가 절대로 선접되지 않으며, '양'은 명사구를 구성할 때에 '-오-'가 선접되고, 부사구를 구성할 때에는 '-오-'가 선접되지 않는다. 'ᄃ', 'ᄉ'계열에서도 설명은 마찬가지이다. 그러나 'ᄃ', 'ᄉ'계열은 N2 〉 N3의 변화가 일어나고 있는 의존명사이기 때문에 그 명사성이 허물어져 가고 있어 명사구(NP)구성임에도 '-오-'가 선접되지 않는 불규칙한 구성을 볼 수 있었던 것이다.

이상으로 의존명사구문과 '-오-'와의 관계를 보면 '-오-'가 선접하여 명사구내포문(NP)을 구성하던 구문이 '-오-'가 소멸하면서 부사구(ADVP) 또는 어미로의 변천이 이루어지고 있었는데 이러한 변천은 계속적인 것이며 그 단계를 확연히 획을 그어 구별할 수 없는 어려움이 있다. 위에서 분석한 의존명사구문이 'NP 〉 ADVP 〉 (접속)어미화'의 변천과정을 뚜렷하게 보이면서도 분석에 어려움이 있었던 것은 이런 데에서 연유한다. 그러나 이러한 언어의 계속성을 인정하면서도 통사구조의 차이를 우리는 또한 기술할 수 있다. 이 곳에서 분석을 시도한 선어말어미 '-오-'와 의존명사구문과의 관계에 있어서도 정확한 분석에는 한계가 있지만 명사적인 기능(NP)에 가까울수록 '-오-'의 선접이 필수적임을 알 수 있었으며 'NP 〉 ADVP 〉 어미화'의 과정에서 '-오-'가 소멸하고 있었다. 이는 '-오-'가 명사구내포문을 구성하는 선어말어미로서 그 통사적 기능을 뚜렷이 하고 있음을 말해 준다.

3.4. 부사절구성에서의 '-오-'

관형화구성에서의 '-오-'를 논할 때에, 시간이나 공간을 나타내는 명사 앞에서 '-오-'가 나타나지 않는 예가 많다는 언어적 사실은 '-오-'의 기능과 관련하여 많은 연구자들이 설명해 내야 할 숙제였다.

許雄(1975)에서는 위치말에 '-오-'가 나타나는것이 원칙이므로 '-오-'가 나타나지 않는 것을 불규칙한 예로 다루었다. 李崇寧(1976)에서는 시간과 장소는 객관적이고 사실적인 서법으로 표현되어야 하므로 '-오-'가 나타나되지 않는 것으로 설명하였다. 李仁模(1975)에서는 시간과 공간이 '필요성의 관념'이 가볍기 때문인 것으로, 즉 Nexus의 본질에서 가장 먼 시간과 그 다음으로 먼 공간에는 '-오-'가 나타나지 않는 것으로 설명하였으며, 허원욱(1988)에서는 빠진 말이 위치말임을 바로 알 수 있으므로 '-오-'가 나타나지 않는다고 설명하는 등 다양한 설명들이 이루어졌다.

우리는 앞에서 의존명사구문의 분석을 통하여 의존명사가 부사구(ADVP)를 구성할 때 '-오-'가 나타나지 않음을 살펴 본 바가 있다. 시간을 나타내어 부사구를 구성하는 의존명사 '적(제), 슻, 덛' 등에는 '-오-'가 선접되지 않았으며, 기간을 나타내는 의존명사 '디③'에도 '-오-'가 선접되지 않았다. 또한 장소를 나타내는 의존명사 '티①'에서도 '-오-'의 출현이 불규칙하였으며, '줄로', '닷^ㅇ로' 등에서 의존명사와 '(ㅇ)로'와의 통합으로 부사구를 구성할 때 '-오-'가 나타나지 않고 있음을 볼 수 있었다. 이들은 각각 '언제(시간)', '어디서(장소)', '무엇으로(도구)' 등의 의미역을 담당하며 이러한 의미역은 통사구조상 부사구(ADVP)를 구성하는 것이 언어 일반적인 현상이다. 이 밖에도 흔히 부사구를 구성하는·의미역으로는 '왜(이유)'를 들 수 있다. 이들 사이에도 부사성의 정도에는 차이가 있으며 '시간 〉 공간 〉 이유 〉 도구'의 順으로 왼쪽으로 갈수록 부사화의 기능이 강해진다고 볼 수 있다.74) 부사화의 정도가 강하다는 것은 명사성이 약하다는 것을 반증해

주는데 명사적 기능의 표지인 '-오-'가 부사적으로 기능하는 명사 앞에서 나타나지 않게 되는 것은 이렇듯 통사론적으로 그리고 의미론적으로 설명이 가능한 것이다. 통사론적으로는 명사구(NP)를 구성하는데도 '-오-'가 나타나지 않는 경우는 의미역에서 갖는 부사성이 견인되었기 때문인 것으로 볼 수 있다.

우리는 이제 자립명사의 경우에도 의존명사의 경우에서처럼 시간, 장소, 이유 등의 의미역을 나타내는 부사구(ADVP)의 관형화구성에서 '-오-'가 나타나지 않는 것을 살펴 보려 한다. 그러나 의존명사에서보다는 자립명사의 부사구(ADVP)구성에서는 '-오-'가 빈번하게 나타나는 것을 볼 수 있는데 이것 역시 자립명사가 의존명사에 비하여 명사성이 강하기 때문인 것으로 설명할 수 있다. 이는 통시적으로 '-오-'의 소멸이 의존명사구문에서 시작되는 것과 軌를 같이 하는 설명이다.

다음은 시간, 장소, 이유 등을 나타내는 명사 앞에서 '-오-'가 선접되는 경우(ㄱ)와 '-오-'가 선접되지 않은 경우(ㄴ)의 예들을 각각 살펴본다.

1) 시간

ㄱ. 〔+ '-오-'〕 75)
(1) 彌勒下生애 니르러도 소내 드률 時節이 업스리라(법어:10)
(2) 내 來世예 菩提 得혼 時節에(석상9:4)
(3) 自然히 지븨 니롤 時節ㅣ 이시리라(법어:13)
(4) 할아며 기리논 소싀예 족히 모맷 ㄸㅣ 두올만 ㅎㄴ니라(내훈1:11)

---

74) 李仁模(1975:101)에서도 관념이 가벼워 부사로써 나타내질 수 있는 순서를 '시간 > 처소 > 이유 > 방법'으로 정하고 있다.
75) 대부분의 연구가 시간을 나타내는 명사 앞에서 '-오-'가 나타나지 않는 것으로 규정하고 있으나, 시간명사 앞에서도 '-오-'가 나타나는 예를 찾을 수 있었다. 이는 시간을 나타내는 의존명사 앞에서는 '-오-'가 항상 나타나지 않는 것과 비교하면 자립명사의 명사성이 의존명사보다 강하다는 설명을 할 수 있다.
즉 N1 > N2 > N3의 변천이 이루어질수록 명사성은 약해지는 것이다.

(4) 할아며 기리논 <u>스싀</u>예 족히 모맷 ♥ 두올만 ᄒᆞᄂᆞ니라(내훈1:11)

ㄴ. [-'-오-']

(5) 菩薩이 아니 證ᄒᆞ싫 時節 업스시니(능엄1:17)

(6) 如來 滅度ᄒᆞ신 後에(능엄서:2)

(7) 거두며 줏논 <u>스싀</u>예 ᄯᅩ 미홇 디 아니며(능엄1:19)

(8) 측재 밥 머굻 쁴(아미타:9)

(9) 有情이...모딘 罪론 지슬 <u>모도</u>예(석상9:9)

(10) 네 오논 <u>뉘</u>예(월석21:204)

(11) 내 어미 업슨 <u>나래</u>(월석6:53)

2) 장소

ㄱ. [+ '-오-']

(12) 부텨 가시논 <u>싸히</u> 즐어늘(월석1:16)

(13) 六道衆生이 주그며 사라가논 <u>길헷</u> 뵤ᄒᆞ며(석상13:17)

(14) 須達이... 精舍 지슳 <u>터흘</u>(석상6:23)

(15) 말다비 修行ᄒᆞ야 잇논 <u>國土</u>에...(월석18:11)

(16) 가매 니르룷 <u>고디</u> 업서(능엄5:76)

(17) 제 아비 잇논 <u>城</u>에 다ᄃᆞ르니(법2:188)

ㄴ. [-'-오-']

(18) 大闕은 큰 지비니 님금 겨신 <u>지비라</u>(월석1:10)

(19) 西天은 부텨 나신 <u>나라</u>히니(월석1:30)

(20) 그 몰 불븘 <u>싸훈</u> 몰애 金이 두외ᄂᆞ니라(월석1:28)

(21) 波斯匿王의 사논 <u>城</u>일씨(금강:4)

(22) 모딘 龍 잇논 <u>모시라</u>(월석7:27)

(23) 고지 나논 <u>고돌</u>(원각상1-2:152)

(24) 之류의 왓논 <u>그올</u>히라(두시24:53)

(25) 外道 사논 <u>마술</u>(월석9:36)

3) 이유

'젼ᄎᆞ'에 限하여 살펴 본다. '젼ᄎᆞ'는 주로 관형화구성에 참여하며,

자립명사에서 의존명사로의 과정에 있는 명사로 볼 수 있는데 이러한 '젼ᄎ' 앞에서의 '-오-'의 출현이 불규칙한 것을 중세국어 자료에서 흔히 발견할 수 있다. 그러나 어느 정도의 규칙성을 찾아 볼 수 있는데 〔+'-오-'〕에는 '롤, 이라' 등이 통합하여 명사구(NP)구성을 이루는 예가 많고 〔-'-오-'〕에는 'ᄋ로'가 통합하여 부사구(ADVP)를 이루는 예가 많은 경향이 있으나 절대적인 것은 아니다.76) 이러한 불규칙성은 NP 〉 ADVP의 과정으로 설명될 수 있을 것이다.

ㄱ. 〔+'-오-'〕
(26) ᄒ오사 걷논 <u>젼ᄎ롤</u> ᄤᅦ니라(금삼3:22)
(27) 곧 일후믈 諸佛이라 ᄒ논 <u>젼ᄎ라</u>(금삼3:23)
(28) 嗔心이 :한 <u>젼치라</u>(아미타:29)
(29) 能히 이긔여 맛돌배 아니론 <u>젼치니라</u>(금삼3:49)
(30) 자최롤 뵈시논 <u>젼치라</u>(금강:4)
(31) 모로매 果애 가논 <u>젼ᄎ로</u>(법1:56)

ㄴ. 〔-'-오-'〕
(32) 이제 善知識을 맛난 <u>젼ᄎ로</u>(관음하:33)
(33) 므시미 淸淨호 <u>젼ᄎ로</u>(능엄1:37)
(34) 잇논 고대 가져 ᄃᆞ녀 念ᄒᆞ던 <u>젼ᄎ로</u>(관음하:37)
(35) 俗애 나사가ᄂᆞ <u>젼ᄎ로</u>(금삼2:37)
(36) 諸經에 通히 쓰ᄂᆞ <u>젼ᄎ로</u>(능엄1:23)
(37) 權ᄋ로 아라 드르몰 뵈ᄂᆞ <u>젼ᄎ로</u>(금삼3:16)
(38) 능히 아디 몯ᄒᆞᆯ <u>젼ᄎ로</u>(법1:4)
(39) 門 뵈요믄 큰 敎化룰 돕습ᄂᆞ <u>젼치니</u>(법1:31)
(40) 機룰 니피디 아니홈 업슨 <u>젼치라</u>(원각서:63)

'-오-' 연구에서 그 이유를 설명해야 하는 부담을 안겨 주었던 시간, 공간명사 앞에서의 '-오-' 출현의 불규칙성을 본 연구에서는 NP 〉 ADVP의 변화로 설명하였다. 이렇듯 명사성의 약화는 '-오-'의 소멸을 가져오게 하는 끊임없는 원인이 되고 있는 것이다.

---

76) 이유를 나타내는 의존명사 '닷'이 'ᄋ로'와 통합할 때에도 '-오-'가 빠져 나가 부사구 (ADVP)를 이루는 구성을 앞에서 살펴 본 바 있다.

3.5. 주체·대상법에 대한 再考察

'-오-'의 독자적인 통사적 기능에 착안하여 '-오-'에 대한 통사론적인 분석을 최초로 시도하였다는 점에서 許雄의 연구는 커다란 업적으로 평가받을 수 있다. 이 곳에서는 許雄(1975)의 주체·대상법으로서의 '-오-'에 대한 설명을 재검토하여 본 연구에서 규정하고 있는 '-오-'의 통사적 기능과 어떤 관계가 있는가를 살펴 보고 대상법으로 설명할 수 없었던 구문들이 '-오-'를 명사구내포문표지로 설정함으로써 어떻게 설명될 수 있는가를 살펴 볼 것이다.

객관적으로 존재하는 언어사실에서 규칙을 찾아내어 그것을 설명해내는 것이 문법이라면, 지금까지 이루어진 '-오-' 연구에서의 가장 큰 문제점은 한 이론을 적용하였을 경우 설명할 수 없는 많은 예외를 인정하여야 한다는 것이다. 그러나 이러한 예외들은 설명을 필요로 하며 우리는 만족할 만한 설명이 이루어질 때까지 '-오-'에 대한 연구를 계속할 수밖에 없는 것이다. 허웅의 주체·대상법도 이러한 예외를 많이 남긴다는 점에서 재고해야 할 필요성이 있는 것이다.

'-오-'에 대한 주체·대상법으로서의 논의는 허웅(1958)에서 처음으로 제기되어 많은 논의를 거친뒤에 허웅(1975)에서 자세하게 정리되었다. 그러나 이 주체·대상법도 허웅(1975:817-77)에서 지적하고 있듯이 이러한 예외를 많이 남긴다는 점에서 재고해야할 필요성이 있음을 알 수 있다. 이곳에서는 허웅(1975)의 주체·대상법에 대한 설명을 검토하여 주체·대상법과 명사구 내포문 표지로서의 '-오-'의 통사적 기능과의 관계를 살펴보고 대상법으로 설명함에 있어서 예외라고 규정한 구문들에·대하여 '-오-'를 명사구 내포문 표지로서 설정함으로써 어떻게 설명될 수 있는가를 살펴볼 것이다.

許雄(1975:809)에서 관형형어미 앞에서의 '-오-'의 기능을 대상법으로 설명함에 있어 다음과 같은 예를 들고 있다.

(1) ㄱ. 붉은 꽃 ← 꽃이 붉다.
　　ㄴ. 먹은 밥 ← 밥을 먹다.
　　ㄷ. (네가) 준 돈 ← (네가) 돈을 주었다.
　　ㄹ. (돈을) 준 너 ← 네가 (돈을) 주었다.

ㄱ과 ㄹ은 주어와 서술어의 관계로서 '-오-'를 가지지 않는 주체법으로, ㄴ과 ㄷ은 목적어와 서술어의 관계로서 '-오-'를 가지는 대상법으로 설명한다. 즉 서술어와의 관계가 목적어일 때 '-오-'가 들어간다는 설명을 하고 있다. 이러한 분석에서 우선 지적하고 싶은 것은 ㄴ을 분석할 때 '(네가) 먹은 밥 ← (네가) 밥을 먹었다.'라는 전체적인 구조로 분석하지 않았다는 점이다. ㄴ은 ㄷ과 똑같이 주어(행동주체)를 필요로 하는 구성이다. 실제로 許雄의 대상법 분석은 문의 전체적인 구성 관계를 고려하지 않고 앞뒤 성분의 관계로만 분석을 시도하였다. 한 예를 들면 許雄(1975:847)에서 다음의 예는 대상법이 아닌 구성에 '-오-'가 나타나는 예로 되어 있다.

(2) 菩薩 ᄀᆞᄅ치시논 法(법4:111)

'法'은 '방편말'로서 목적어가 아닌데 '-오-'가 나타난 것으로 '방편말'에서의 '-오-'의 출현은 불규칙한 것으로 설명하고 있다. 그러나 위의 예를 문의 주술관계를 고려하여 분석하면 다음과 같다.

(3) 〔〔釋迦牟尼 世尊이 平等大慧 菩薩 ᄀᆞᄅ치시논〕S 法〕NP

즉, 주체·대상법의 설명에서는 앞뒤 성분만의 부분적인 분석을 함으로써 '釋迦牟尼世尊이…ᄀᆞᄅ치시다'라는 한 문이 내포되는 통사구조를 포착할 수 없었던 것이다.

앞의 ㄱ-ㄹ의 예문들을 본 연구에서 시도하고 있는 복합문구성을 염두에 두고 중세어적인 분석을 시도해 보면 다음과 같다.

(4) ㄱ. 붉은 꽃

ㄴ. 〔〔(네가) 먹온〕S 밥〕NP
ㄷ. 〔〔(네가) :준〕S 돈〕NP
ㄹ. (돈을) 준 너

즉 ㄱ과 ㄹ은 절을 구성하지 않고 관형구를 구성하기 때문에 '-오-'가 선접되지 않고, ㄴ과 ㄷ은 관형절을 내포한 복합문을 구성하기 때문에 '-오-'가 선접된 것이다. 이러한 분석은 결과적으로 주체·대상법의 분석과 '-오-'의 출현 여부가 같게 된다. 그 이유는 주어가 빠진 구성은 절을 구성할 수 없어 '-오-'가 선접되지 않는데, 통사구조상 주어는 흔히 주체가 되며 한자리서술어의 주어는 관형화구성에서 수식받는 명사가 되므로 결국 주체법의 설명과 일치하게 되는 것이다. 또한 관형절을 이루어 관계화구성으로 내포될 때 '-오-'가 선접하게 되는데 두자리서술어인 경우 주어를 제외하면 수식받는 명사는 목적어가 된다. 그러므로 이 경우에도 대상법의 설명과 일치하게 되는 것이다. 그리하여 결과적으로 관계화구성에서는 관형절표지로서의 '-오-'의 선접 여부가 許雄(1975: 807-39)에서 설명하고 있는 주체·대상법의 분석과 다음의 예들처럼 일치하게 되는 것이다.

ㄱ.
(5) 出家호· 사루몬(석상6:22)
(6) 邪曲호 道理(석상6:21)
(7) 깃븐 무수물(석상6:42)
(8) 아기나호 겨집돌홀 보고(월석21:143)
(9) 誠實호 마롤(월석21:15)
(10) 것일혼 아히(능엄2:1)
(11) 기픈 根源(월석서:21)
(12) 됴티 몯호 業(월석8:74)
(13) 뜯 곧디 아니호 이리(월석21:122)

ㄴ.
(14) 〔〔내 나혼〕S 悉達多〕NP(월석21:6)

(15) 〔〔父母 나혼〕S 누느로〕NP(월석17:57)

(16) 이 〔〔國王等의 어둔〕S 福利〕NP(월석21:140)

(17) 〔〔이 사루미 得혼〕S 功德〕NP(월석18:46)

(18) 〔〔제 지순〕S 罪〕NP(석상9:30)

(19) 〔〔十六菩薩이 닐온〕S 經法〕NP(월석14:47)

(20) 〔〔須達이 빙ㄱ론〕S 座〕NP(석상6:30)

(21) 〔〔鹿母夫人이 나혼〕S 고줄〕NP(석상11:32)

ㄱ의 (5)-(13)은 한자리서술어가 관형형어미를 취하여 뒷 명사를 수식한 것으로 내포문을 구성하지 않으므로 '-오-'가 선접되지 않는데 이는 그대로 주체법으로 설명이 가능하며, ㄴ의 (14)-(21)은 관형절이 내포문을 구성하여 '-오-'가 선접되었는데 수식받는 명사가 목적어로서 대상법으로도 설명이 가능한 것이다. 그러나 분석의 기준이 다르며 이러한 일치도 관계화구성에 한한다. 그 밖에 다른 구성에서는 내포문표지의 기능으로 설명이 되는 많은 예들이 주체·대상법으로는 설명할 수가 없는데 이는 주체·대상법의 설명이 부분적인 것이었음을 말해 준다.

許雄(1975:817-77)에서도 대상법으로 설명할 수 없는 다음과 같은 많은 예외들을 들고 있는데 이러한 예들은 모두 내포문 구성에 해당하는 것으로서 우리의 명사구내포문표지라는 분석으로 설명이 가능한 것들이다.

1) 인용문구성

'속뜻'이 복잡하여 대상법을 쓴 이유를 이해하기 어려운 예로서 인용문구성의 예를 들면서 이를 매우 어렵게 설명하고 있다.

(22) 나다 ᄒᆞ논 마른 사라나다 ᄒᆞ논 마리 아니라(석상6:36)

(23) 그 後로 夫妻라 혼 일후미 나니(월석1:44)

(24) ㄱ룜업다 혼 업수미 滅ᄒᆞ야(능엄9:26)

(25) 이 짜히 竹林國이라 혼 나라히이다(월석8:94)

이에 대한 설명을 다음과 같이 변형을 사용하여 대상법으로서 설명하고 있다.

(22') (그)마룰 '나다' ᄒᆞᄂ다 → 나다 ᄒᆞ논 말
(23') (그)일후미 '夫妻'라 → (그)일후믈 夫妻라 ᄒᆞ다 → 夫妻라 혼 일홈
(24') (이)업수믈 '가룜업다' ᄒᆞ다 → '구룜업다' 혼 업숨
(25') (이)나라히 竹林國이라 → (이)나라홀 竹林國이라 ᄒᆞ다 → 竹林國
　　　이라 혼 일홈

그러나 이러한 설명은 납득하기 어려우며 본 연구의 분석대로 이는 인용절이 복합문을 구성하여 관형화내포문을 이루므로 선접된 '-오-'인 것이다. 인용문이 명사화구성과 관형화구성을 통하여 내포문을 구성할 때 '-오-'의 선접은 필수적인 것으로 앞에서 설명한 바가 있다.(3.2.3) 그러므로 이는 다음과 같이 내포문을 구성하는 것으로 분석된다.

(22″) 〔〔〔나다〕S ᄒᆞ논〕S 말〕NP
(23″) 〔〔〔夫妻라〕S 혼〕S 일홈〕NP
(24″) 〔〔〔구룜업다〕S 혼〕S 업숨〕NP
(25″) 〔〔〔竹林國이라〕S 혼〕S 나라〕NP

2) 보문화구성

허웅(1975:848)에서는 다음과 같은 구문들을 '속구조'로 돌이킬 수 없는 구문으로 분석하면서 이러한 구문에서는 대상법이 불규칙하게 쓰이고 있다고 설명하였다.

(26) 네가 어제 거기에 간 일은 잘한 짓이다.

이러한 보문화구성에서 '간 + 일'의 구조는 '속구조'로 돌이킬 수 없는 구성으로 보면서 이러한 구조에 해당하는 중세국어의 예를 들고 있다.

(27) 眞如法이 ᄒ나히론 주를...(능엄4:13)

이는 '주를 ᄒ나이다'로 돌이킬 수 없으므로 대상법으로 설명할 수 없는 예외로 간주하고 있는 것이다. 그리하여 보문화구성에 해당하는 모든 구성은 대상법의 예외에 해당하게 되는 것이다. 그러나 이러한 예는 관형화구성의 내포문으로 다음과 같이 분석된다.

(27') 〔〔眞如法이 ᄒ나히론〕S 줄〕NP

우리는 내포문의 관형화구성을 관계화와 보문화로 구분하여 이러한 구성에 '-오-'의 선접이 필수적임은 설명한 바가 있다.(3.2.2)

허웅(848-52)에서 '속구조로 돌이킬 수 없는 매김꼴'로 들고 있는 다음과 같은 구문들은 모두 이러한 보문화구성으로 분석되며 '-오-'의 기능을 명사구내포문을 구성하는 표지로 설명할 수 있는 것이다.

(28) 〔〔네 아논〕S ᄆᅀᅮ미〕NP (능엄1:64)
(29) 〔〔부텻 出現ᄒ샤 說法ᄒ시논〕S ᄠᅳ들〕NP (법2:156)
(30) 〔〔미조미 잇논〕S 다ᄉ로〕NP (월석14:36)
(31) 〔〔數〕...八百 다외논〕S 주른〕NP (석상19:9)
(32) 〔〔菩薩ㅅ 道理 行ᄒ시논〕S 양도〕NP (석상13:14)

'이론, 아니론'의 경우도 마찬가지이다.

(33) 내 겨집이론 전추로(월석10:18)
(34) 眞實 아니론 전추라(금삼2:27)
(35) 道理 ᄒ 가지론 고들(석상13:50)
(36) 맷돌 배 아니론 전치니라(금삼3:50)

이 경우 '젼ᄎ, 곧'이 목적어가 될 수 없는데 대상법의 '-오-'가 쓰였음을 설명할 수가 없다고 하였다. 이는 다음과 같이 보문화구성을 이루고 있기 때문에 '-오-'가 선접된 것이다.

(33′) 〔〔내 겨집이론〕S 젼ᄎ〕NP
(34′) 〔〔진실 아니론〕S 젼ᄎ〕NP
(35′) 〔〔道理 ᄒ 가지론〕S 고들〕NP
(36′) 〔〔맛돌 배 아니론〕S 젼ᄎ〕NP

'이다, 아니다'는 한자리서술어이므로 원칙적으로 목적어를 가질 수 없다. 허웅(1975:812)에서도 "대상법의 활용형은 그 풀이씨가 부림말을 가질 수 있어야 하기 때문에 남움직씨에 나타난다. ... 따라서 원칙적으로 말하면 제움직씨와 그림씨에는 대상법의 활용이 있을 수 없다"라고 밝히고 있다. 대상법 설명의 심각한 문제점은 바로 여기에 있다. 한자리서술어로 목적어를 취할 수 없는 구성에 '-오-'가 나타나는 예를 우리는 다수 찾을 수 있기 때문이다.

(37) 이 사ᄅᆞᆷ 잇ᄂᆞᆫ 方向(월석17:69)
(38) 달오미 업순 젼ᄎ로(능엄6:41)
(39) 百福 莊嚴혼 부홀(월석18:41)
(40) 便安호미 뮈유메 웃드미론 디(두시7:29)
(41) 見이 物 아니론 디 ᄯᅩ 어루 ᄇᆞᆯ기리로다(능엄2:38)
(42) 師子座에 안자 겨샤ᇙ 양도 보ᅀᆞᄫᅠ며(석상19:40)

위의 예들은 대상법으로 설명될 수 없으며 모두가 보문화구성을 이룸으로써 '-오-'가 선접된 것으로 설명될 수 있는 것이다.

　3) 의존명사구문

허웅(1975:852)에서는 어떤 '매인이름씨'들은 '임자씨'로서의 성격이 뚜렷하지 못하여 '씨끝'과 녹아붙어 가는 경향이 있으며 '속구조'로 환원될 수 없다는 점을 들어 규칙화하기가 곤란하다고 하였다.
본 연구에서는 3.3에서 의존명사에서의 '-오-'의 출현에 대하여 NP 〉
ADVP, N2 〉 N3의 과정에서 '-오-'가 소멸하고 있음을 살펴봄으로
써 의존명사구문에서의 '-오-'의 출현에 대하여 규칙화를 시도한 바
있다. 즉 명사성이 강한 보편성의존명사에는 '-오-'의 선접이 필수적
이며, 부사성·서술성의존명사는 명사성의 약화로 '-오-'가 선접되지
않는 것으로 설명하였다. 이러한 설명은 '-오-'가 구성하는 내포문이
명사구를 이룬다는 즉, '-오-'의 통사적 기능을 명사구내포문표지로
설정하여야만 가능한 설명이다.

ㄱ.

(43) 〔〔네 得혼〕S 거슨〕NP 滅이 아니니(법3:198)
(44) 〔〔어린 百姓이 니르고져 홇〕S 배〕NP 이셔도(훈민)
(45) 〔〔이 病 업스샨〕S 줄〕NP 이라(석상23:44)
(46) 〔〔이 사르미 … 모딘 일 지숀〕S 다스로〕NP (월석1:46)
(47) 〔〔히 디논〕S 야이〕NP 두론 봄 곧거든(월석8:6)

ㄴ.

(48) 〔〔生死ㅣ 長遠혼〕S 딘〕ADVP 眞實 知見 업서(석상6:7)
(49) 〔〔서르 섯근〕S 도〕ADVP 疑心두외도다(능엄2:98)
(50) 〔〔하놀히 命ᄒᆞ실〕S 쐬〕ADVP 말 톤 자히 건너시니이다(용가:34)
(51) 〔〔내 지븨 이싫〕S 저긔〕ADVP 여듧 나랏 王이…(석상6:7)
(52) 〔〔ᄒᆞ놀 風流ㅣ 그츨〕S 숫〕ADVP 업스니(월석7:58)
(53) 〔〔밥 머긇〕S 덛만뎡〕ADVP 長常이 이롤 싱각ᄒᆞ라(월석8:8)
(54) 〔〔도ᄌᆞ기 겨신〕S 딜〕NP 무러(용가:62)

위의 예문중 ㄱ은 통사성분상 명사구로 분석되며 '-오-'가 선접되었
고, ㄴ의 (48)-(53)은 부사구로 분석되며 '-오-'가 선접되지 않았다.
또한 ㄴ의 (48)-(50)에서는 의존명사 〉어미화의 변천과정도 엿볼 수
있으며, (50)-(53), (54)에서는 시간과 공간을 나타내는 의존명사 앞
에서 '-오-'가 나타나지 않았음을 알 수 있다. 이는 앞에서 이미 명사

성이 약한 의존명사구문에서 '-오-'의 소멸이 시작된 것으로 설명한 바 있다.

4) 부사절 구성

'-오-'가 시간이나 공간을 나타내는 명사 앞에서 불규칙하게 나타난다는 사실은 앞에서 지적한 바가 있다.(3.4)

허웅(1975:840-47)에서는 '위치말', '방편말'에서의 '-오-' 출현의 불규칙성을 설명할 수 없는 예외로 다루었다. 우리는 앞장에서 의존명사 구문이 부사구를 구성할 때 '-오-'가 나타나지 않음을 살펴본 바가 있다.(3.3.3) 또한 시간을 나타내어 부사구를 구성하는 의존명사 '적, 숯, 딛' 등에 '-오-'가 선접되지 않았으며 장소를 나타내는 의존명사 '딛' 앞에서도 '-오-'의 출현이 불규칙하였으며, 자립명사의 경우에도 의존명사의 경우에서처럼 시간, 장소, 이유 등의 의미역을 나타내는 부사구의 관형화 구성에서 '-오-'가 나타나지 않는 경향을 보임도 3.4에서 설명한 바가 있다. 즉, '-오-' 연구에서 그 이유를 설명해야 하는 부담을 안겨 주었던 시간, 공간 명사 앞에서의 '-오-' 출현의 불규칙성은 중세국어에서의 '-오-'의 기능을 명사구내포문표지로 보고 명사구(NP) 〉 부사구(ADVP)의 통시적 변화의 과정으로 체계적으로 설명될 수 있는 것이다.

이상으로 주체·대상법의 설명력의 한계와 새로운 설명의 가능성에 대하여 고찰해 보았다. 주체·대상법은 국어의 관형화구성의 관계화구성에 限하여 설명력을 가지며 그 밖에 인용문구성, 보문화구성, 의존명사구문, 부사절 구성 등에서는 설명의 한계를 보인다. 이는 '-오-'를 대상법어미로 규정하는 것이 국어 문법 기술에 있어서 부분적인 설명이라는 것을 시사한다. 반면, '-오-'를 명사구내포문을 구성하는 선어말어미로 규정하면 위의 구문들에 대하여 설명할 수 있으며, '-ㄴ', '-

ㄹ'에 의한 관형화 구성뿐만 아니라 '-ㅁ'에 의한 명사화 구성도 동일한 통사적 기능의 명사구내포문으로 함께 설명할 수 있어서 그 설명력은 매우 크다고 할 수 있을 것이며 그 밖에 시간, 장소, 이유 등을 나타내는 부사적 구성에 대하여 설명할 수 있다.77)

---

77) 許雄(1975:864)에서 지적한 '-단:-던'에서의 '-오-' 출현의 불규칙성은 본 연구에서도 이를 설명하지 못했다. 許雄에서는 '-단'이 쓰일 곳에서 '-던'이 쓰인 이유를 역사적인 변천과정으로 돌리고 있는데 왜 '-던'에서 이러한 변화가 일찌기 일어났는가에 대한 설명이 필요할 것이다.

제4장 '-오-'의 변천

4.1. 문제의 제기

'-오-'는 국어의 역사 속에서 소멸되어 간 형태소이다. 과거에는 존재했던 형태소가 현재에는 존재하지 않는다는 언어적 사실은 우리에게 '왜' 그리고 '어떻게' 소멸하였는가에 대한 설명을 요구한다. 즉 한 형태소가 소멸되어 버렸다는 언어변화의 사실만 기술하는 데에 만족하지 않고 언어변화의 원인과 과정을 설명해 보려는 데에 역사언어학의 목표가 있는 것이다.78) 물론 현단계의 역사언어학 연구에서는 언어변화의 이론이 정립되어 있지 않고 또한 언어변화에 대한 설명에는 한계가 있음을 인정하여야 한다. 그렇지만 중요한 것은 '왜' 그리고 '어떻게'에 대한 설명이 아무리 어렵더라도 우리는 그 물음을 계속할 수 밖에 없으며, 또한 해답을 얻으려고 노력하고 있다는 점이다. '-오-'의 소멸에 대하여서도 우리의 이러한 물음은 계속되며 특히 그것의 문법적 기능이 밝혀지지 않았기 때문에 이러한 물음에 대한 욕구는 더욱 강해질 수 밖에 없는 것이다.

우리는 앞(3.3)에서 15세기국어의 의존명사구문의 분석을 통하여 '-오-'가 소멸해 나가는 변화의 과정을 포착하여 기술한 바가 있다. 이러한 고찰은 주로 15세기의 국어 자료를 통한 공시적 관점에서 이루어졌는데 공시적 자료에서의 '-오-' 출현의 이러한 동요는 그대로 통시적 언어사실을 반영한다고 볼 수 있다. 즉 언어의 공시태 속에는 많은 변이들이 함께 존재하고 이러한 변이형들이 바로 언어변화의 원인으로서 작용할 수가 있기 때문이다.

그러므로 한 시대의 언어를 정적인 것으로 생각하는 것은 잘못된 것이며 언어는 끊임없는 변화를 계속하고 있으므로 공시태의 이질성은

---

78) 역사언어학과 설명에 대하여는 金芳漢(1988:24-38) 참조.

언어변화라는 측면에서 중요한 몫을 차지하게 되는 것이다.79) 이러한 관점에서 우리는 Coseriu의 말을 음미할 필요가 있다. "言語는 通時的으로 구성되고 共時的으로 기능한다."80) 즉 언어는 공시적으로 기능할 때 변화한다는 것이다.

'-오-'는 명사구(NP)를 구성하는 표지로서 기능하는 형태소이므로 부사구(ADVP)구성에는 나타나지 않는 것이 원칙이다. 그런데 명사성이 약한 의존명사구문에서 NP 〉 ADVP의 변화가 일어나고 있었으며 이러한 변화의 과정에서 '-오-'는 소멸되어 가고 있었다. 이렇게 볼 때 언어변화는 언어가 기능하는 하나의 樣相이며, 모든 변화는 언어의 기능 속에 이미 존재하고 있다고 볼 수 있는 것이다. NP 혹은 'NP + 조사'의 기능에는 ADVP의 기능이 잠재해 있다고 생각할 수 있으며 공시태에 존재하는 NP 〉 ADVP의 변화는 기능의 변화로 해석된다. 이러한 NP 〉 ADVP의 기능의 변화 즉 명사성의 약화가 '-오-' 소멸의 동기가 되었다고 볼 수 있는 것이다. 또한 자립성(명사성)이 약한 의존명사구문에서 시작된 NP 〉 ADVP의 변화는 처음에는 의존명사구문과 같은 제한된 분야에서 발생하여, 점진적으로 오랜 기간 동안 복잡한 과정을 거쳐 확대되고 완성되어 통사변화를 일으키게 되는 것이라고 볼 수 있는 것이다.81)

본 연구에서는 '-오-'의 소멸과정을 '-오-'의 기능과 관련하여 기능의 변화라는 관점에서 고찰할 것이며, 기능의 변화가 초래하게 되는 통사변화 현상에 관심을 집중하고 연구를 진행할 것이다. 이러한 작업은 '-오-'의 기능 규명에 대한 천착이기도 하다. 즉 '-오-'의 소멸의 동기는 무엇이며 어떠한 부분에서 시작되는가? '-오-'의 소멸은 어떠한 과정을 통하여 확산되고 완성되는가? '-오-'의 소멸로 인하여 국어 통사구조에는 어떠한 변화가 초래되는가? 이러한 물음은 언어변화에 대한 물음을 '언제'보다는 '왜', '어떻게'에 던지고 있는 것으로서 언어변화

---

79) 共時態와 通時態의 설명에 대하여는 金芳漢(1988: 17-23) 참조.
80) 金芳漢(1988:22)에서 再引用.
81) 언어변화의 점진성에 대하여는 Chung, S.(1977: 37-8), 金芳漢(1988:193) 참조.

에 대한 설명력을 얻고자 하는 데에 그 목적이 있다고 볼 수 있다.

'-오-'의 소멸은 15세기국어에서 관형화구성의 의존명사구문 가운데 부사성·서술성의존명사와 부사구(ADVP)를 구성하는 시간, 장소, 이유 등을 나타내는 자립명사 앞에서부터 시작된다. 16세기 이후에는 '-오-'의 소멸이 확산되어 보편성의존명사 앞이나 자립명사 앞에서도 '-오-'가 소멸하며, 명사화구성의 '-ㅁ' 앞에서도 소멸하게 된다. 이 곳에서는 '-오-'의 소멸이 확산되는 과정을 면밀히 살펴 봄으로써, '-오-'의 소멸이 확산되는 과정에도 통사적 기능과 관련하여 어떤 순서가 있으며 '-오-'의 소멸과 함께 통사적 구성에 변화가 초래됨을 밝히게 될 것이다. 이러한 통사변화 현상은 '-오-'의 기능과 밀접한 관련이 있으며 '-오-'의 소멸을 기능의 관점에서 살펴 볼 때 중요한 의의를 갖는 것이다.

4.2.관형화구성에서의 '-오-'의 소멸

4.2.1. 의존명사구문

15세기국어에서 부사성·서술성의존명사에는 이미 '-오-'가 나타나지 않았으나, 보편성의존명사에는 '-오-'의 출현이 필수적이었다. 그러나 16세기 이후에는 이러한 보편성의존명사 앞에서까지 '-오-'의 소멸이 확산된다.

ㄱ.

(1) ┌ 겨른 비홀 사르미 모로매 몸져 ᄒᆞ욜 배라(번소6:8)
  └ 졈어셔 비홀 이 맛당히 몬져 홀 배니라(소언5:8)

(2) ┌ 이 내이 키 아쳘논 배니(번소6:13)[82]
  └ 이 내의 크게 아쳐ᄒᆞ논 배니 (소언5:11)

(3) ┌ 조티 아니면 ᄠᅳ들 불골 주리 업고(번소6:16)
  └ 조홈이 아니면 ᄡᅥ 믈을 붉킴의 업고(소언5:15)

---

82) 原文에 '기'로 되어 있으나 '키'의 오각인 듯하여 고쳐 쓴 것이다.

(4) ┌ 먼 듸 닐위욜 주리 업스니라(번소6:16)
    └ 먼 듸 닐윔이 업스리라(소언5:15)

(5) ┌ 지조롤 너퓰 주리 업고(번소6:16)
    └ 지조롤 넙픰이 업고(소언5:15)

ㄴ.

(6) ┌ 쏘 무슴 소니론 양 후리오(노걸상:42)
    └ 쏘 즐겨 므슴 손인 양 후리오(노언상:38)

(7) ┌ 우리 너회를 자디 몯게 후논 주리 아니라(노걸상:47)
    └ 내 너회를 재디 아니려 후논 줄이 아니라(노언상:43)

ㄱ은 16세기 초(1518)의 「飜譯小學」과 16세기 말(1587)의 「小學諺解」의 비교에서, ㄴ은 16세기 초(1510년대)의 「飜譯老乞大」와 17세기 말(1670)의 「老乞大諺解」의 비교에서 '-오-'가 소멸되고 있음을 보인 것이다.

그리하여 16세기 이후의 자료에서는 보편성의존명사 앞에서 다음과 같은 드문 몇 예를 제외하고는 '-오-'가 소멸한다.

(8) 舜의 契을 命후샨 되 五品으로써 重호믈 삼으시니(동몽서:2)
(9) 하눌히 내샨 바와 따히 치시눈 바애 오직 사롬이 크니(소언4:18)
(10) 하눌히 命후샨 거슬 닐온 性이오(중용서)
(11) 뵈디 몯홀 거슬 구틔여 이리 뵈시도다(선가상:1)
(12) 五敎一乘 밧긔 머리 나샨 도 아수오리로다(선가상:12)
(13) 반드기 得홀 고디 이시리니(선가상:12)

다음은 보편성의존명사 가운데 '것', '바', '줄', '디'에서의 '-오-'의 소멸이 이루어진 것을 자료를 통하여 확인해 본다.

1) 것

ㄱ.

(14) 사룸 머글 거슨 안직 져그나 잇거니와(노걸상:55)
(15) 사룸 머글 것도 업슨디(노걸상:56)
(16) 이 글의 五倫으로써 冠호 거시 그 쁟이 크도다(동몽서:2)
(17) 빅셩이 법호 거슨 업슨 디라(소언4:52)
(18) 可히 시러곰 오래 몯호 거슨 어버이 셤김을 닐옴이니(소언4:10)
(19) 눈이 업노 것도 뮈워 아니 ᄒ고(은중:17)
(20) 아비와 어믜 큰 은혜와 덕이 잇노 거슬 싱각지 아니ᄒ고(은중:25)
(21) 오직 제 싱각ᄒ노 거슬 머기면(태산:13)
(22) 셰샹이 무당 밋노 거시(두창:9)
(23) 두창이 홍즈ᄒ며 혹함ᄒ노 거슬 다 고티ᄂ니라(두창:19)
(24) 네 니ᄅ노 거시 내 싱각에 맛도다(몽노1:15)
(25) 농ᄉ 냥식과 진휼호 거슨 다 너의 밥과 죽이오(윤음:29)[83]

ㄴ.

(26) 혼 나그내 두 쥬신 저치디 몯 홀 거시니(노걸상:52)
(27) 아는 사룸이 물타 가거든 피홀 거시니라(여씨:22)
(28) ᄌ식 나홀 거실ᄉ|(이륜:9)
(29) 骨肉의 지극혼 親이니 더욱 맛당이 ᄉ랑홀 거시오(동몽:9)
(30) 可히 뻐 君子의 뽈홀 넓디 몯홀 거시라(소언4:39)
(31) 道ᄂ 可히 須臾도 離티 몯홀 꺼시니(중용서)
(32) 天下國家도 可히 均홀 꺼시며(중용:8)
(33) 너ᄂ 面目 업슨 거시로다(선가상:5)
(34) 너희들히 아디 못홀 쎠시니(오륜1:20)
(35) 네 드르라 내 ᄀᄅ칠 쎠시니(오륜1:24)
(36) 뒤흐로 店에 밋ᄎ 오지 못홀 쎠시니(몽노1:13)
(37) 지와 실은 맛당히 구별ᄒ미 이실 쎠시오(윤음:293)

---

83) 「綸音諺解」는 大提閣 발행 面數로 표시한다.

ㄱ은 '것'이 조사 '은, 이, 을, 도' 등과 통합한 형으로 15세기국어에서 '-오-'의 선접이 필수적이었다. ㄴ의 '것'은 '이다'와 통합한 형으로 15세기국어에서도 '-오-'가 선접한 형과, '-오-'가 선접되지 않고 '것이다'의 표현법으로 쓰였던 형이 있었는데 '-오-'의 소멸로 이 형식들에 대한 구분이 없어지게 된 것이다.84)

마음은 15세기국어에서도 '-오-'가 선접되지 않은 구성에 대한 예들이다.

(38) 慈悲논 衆生올 便安케 ᄒ시노 거시어늘(석상6:5)
(39) 太子ㅅ 法은 거즛마롤 아니 ᄒ시노 거시니(석상6:24)
(40) 자본 이리 無常ᄒ야몰 몬 미듦 거시니(석상6:11)
(41) 序는…後ㅅ 사ᄅ몰 알의 ᄒ노 거시라(월석서:1)
(42) 셜븐 煩惱논 煩惱ㅣ 블 그티 다라나노 거실ᄊᆡ(월석1:15)

李崇寧(1975)에 의하면 '것'은 口語로서 서민층에서 사용되었던 것이 차츰 세력을 뻗어간 것으로서 16세기에 들어 용례가 많아지며 일종의 서법적 표현으로 크게 발달하기 시작하였다고 하였다. 또한 '것'의 이러한 용법의 발달은 '-오-'의 소멸에서 비롯되는 것으로, '-오-'의 소멸과정에서 '것'이 교체의 대상이 되는 것은 국어 문법사 연구에서 중요한 의미를 갖는 것으로 지적하고 있다.85)

---

84) '것'과 '이다'가 통합할 때 '-오-'가 선접되는 형으로는 3.3에서 보인 예들 외에 다음과 같은 예들을 더 들 수 있다.
   - 諸佛ㅅ 得ᄒ샨 거실ᄉᆡ(원각서:3)
   - 곳과 果實와는 祗陁이 뒷논 거시니(석상6:40)
   - 이 呪ㅣ … 諸佛이 디니시논 거시니(월석10:74)
   - 識은 能히 듣는 거시오 소리는 듣논 거시니(능엄3:42)
   - 色身은 … 父母ㅅ 나혼 거시라(금강:29)
   - 이 東山ㅅ 須達이 :산 거시오(석상6:40)
85) 李崇寧(1975:121)에서 「飜譯小學」과 「小學諺解」와의 비교를 통하여 '-오-'를 선접한 형식이 '것'으로 교체되는 유형을 다음과 같이 제시하였다.
   ᄒ디 마롤 디니라
   호미 아니 홀 디라 ────→ ᄒ디 아닐 거시라
   호미 올티 아니 ᄒ니라 ────→ ᄒ디 몯홀 거시라

우리는 여기서 언어변화의 한 면모를 목격하게 되는데, 15세기국어에서만 보더라도 '것'은 보편성의존명사로서 명사성이 강하여 '-오-'의 선접이 필수적이었다. 그러나 이러한 변화의 조짐은 15세기에 이미 마련되어 있었으니 '것'이 '이다'와 통합할 때 앞의 관형절보다는 뒤의 '이다'와 긴밀하게 통합함으로써 서술적 기능을 나타내어 '-오-'가 선접하지 않게 되며 '것이다'라는 표현법으로 발달한 것이다. 의존명사구문에서의 '-오-'의 소멸을 명사적 기능의 약화로 설명하였는데 '것'은 이미 이러한 구성을 15세기부터 가지고 있었으며 16세기 이후 크게 발달하여 '것이다'라는 표현법을 발전시켜 다른 의존명사까지도 대체하게 되는 것이다. 특히 '디'의 사용에 위축을 가져오게 되는 직접적인 원인이 되고 있다.[86]

(43) ┌ 머물워 두디 마롤 디니라(번소8:22)
　　　└ 머믈오디 아닐 거시며(소언5:101)

(44) ┌ 사루미…여서보미 아니 홀 디라(번소8:23)
　　　└ 사룸의…여서보디 아닐 거시며(소언5:101)

'디'는 명사성이 강하여 주어, 보어 등의 성분으로 명사구내포문을 구성하며 '-오-'의 선접이 필수적이다. 이러한 '디'가 '이다'와 함께 쓰일 때 '디라'라는 표현법으로 쓰이게 되었으며 같은 기능으로 쓰이는 '것이다'와의 충돌은 피할 수 없는 것이었을 것이다. 동시대에 같은 기능을 나타내는 언어형식이 공존할 때 둘 사이의 충돌과 변화는 예측할 수 있으며 그 중 어느 하나가 위축을 당하게 되는 것도 충분히 생각할 수 있다.[87] '디'가 격식적이고 문어체적인 성격을 갖는다면, '것'은 비격식적이고 구어체적인 성격을 갖는 것으로 인식된다.

---

86) 李崇寧(1975:127-31)에서는 'ᄃ'계 의존명사의 '것'으로의 교체가 통사 구조상 '돌'-'거슬', '디'-'거시', '돈'-'거슨' 등으로 가능한 것으로 설명하고 있다.
87) '것'이 '디'로 교체된 예도 찾아볼 수 있다.
　　┌ 분명케 홀 거시니라(번8:35)
　　└ 分明홈을 요구홀 디니라(소5:113)
　　이러한 예는 변화 과정상의 불규칙성으로 이해된다.

이러한 문체상(stylistic)의 차이가 언어변화의 원인이 됨을 설명하고 있는 이론은 Labov를 위시한 학자들의 사회언어학적 접근이다.[88] 그러므로 '것'의 발달은 '-오-'의 소멸로 인한 결과적인 것으로만 볼 수 없으며 '-오-'의 소멸에 한 원인을 제공하는 것이라고도 생각할 수 있을 것이다. '것'은 뒤에 설명할 '-기'의 발달과 함께 '-오-'의 소멸에 중요한 몫을 담당하고 있는데 이는 '-오-'의 소멸 이후 '-오-'의 기능의 상당부분이 관형화구성에서는 '것'에, 명사화구성에서는 '-기'에 흡수되어 대체되어 버렸기 때문이다.

2) 바

'바'는 15세기국어에서 명사성이 강하여 항상 '-오-'를 선접하여 명사구내포문을 구성하던 보편성의존명사였으나 16세기 이후 '바' 앞에서 '-오-'가 소멸되기 시작하여 다음과 같이 '-오-'를 선접하지 않게 된다.

(45) 兄이뼈 兄이 되는 바와(동몽:8)

(46) 사룸의 도리예 본듸 잇는 배라(동몽:13)

(47) 그듸 ᄒᆞ고져 ᄒᆞᄂᆞᆫ 바룰 홈이 도로혀 쉽디 아니 ᄒᆞ녀(소언4:32)

(48) 君子ㅣ 道애 貴히 너기ᄂᆞᆫ 배 세히니(소언3:6)

(49) 믈읫 사룸의뼈 사룸 되연ᄂᆞᆫ 바는 禮와 義니(소언3:9)

(50) 君子ᄂᆞᆫ 그 보디 몯ᄒᆞᄂᆞᆫ 바에 戒愼ᄒᆞ며(중용서)

(51) 庸ᄒᆞᆫ 言을 謹ᄒᆞ야 不足ᄒᆞᆫ 배 잇거든(중용:12)

(52) 돈 거슬 토ᄒᆞ야 먹ᄂᆞᆫ 배 업고(은중:15)

(53) 도적 가온대 ᄃᆞ라 드러 드듸여 도적의 해호 배 되다(삼강:김원계)

(54) 아비 범의게 해호 배 되여놀(삼강:최루백)

(55) 텬계 바미 범의게 더윈 배 되여놀(삼강:유천계처)

(56) 간 듸마다 可티 아닐 배 업ᄂᆞ니라(오륜1:23)

(57) 부텨와 祖師과의 世間에 나샤미 ᄇᆞ롬 업슨 바라(선가상:2)

(58) 그 보디 못ᄒᆞᄂᆞᆫ 바룰 보며(두창:9)

---

88) 사회언어학적 언어변화이론에 대하여는 Labov(1963, 1966, 1972), Weinreich, Labov & Herzog(1968), 金芳漢(1988: 231-49) 참조.

(59) 가치 아닐 배 업슬지라(윤음1:4)

(60) 관계뼈 두 남녀 나라희 교해 비로소미 된 배라(윤음:50)

3) 줄

'줄'도 15세기국어에서 명사성이 강하여 명사구내포문을 구성할 때 '-오-'를 선접시킨 보편성의존명사이다. 그러나 16세기 이후 '-오-'가 선접되지 않는다.

(61) 도즉돌히 네의 쳔 이시머 쳔 업슨 주를 엇디 알리오(노걸상:27)

(62) 뎌 人家ㅣ 사르미 만호 주를 보면(노걸상:46)

(63) 져기 슴거운 주리 잇다(노걸상:22)

(64) 덕예 그고 돈 주롤 일쿳더라니(이륜:39)

(65) 듕샹이 궁박호 줄을 어엿쎄 너겨(이륜:37)

(66) 孟子ㅣ 性이 어딘 줄을 닐ᄋ샤티(소언4:1)

(67) 곳 이 ᄉ나희 몸인 줄로 알고(은중:4)

(68) 튀긔 인노 줄 아라둔(태산:12)

(69) 녈뷔 능히 버서나디 몯홀 주를 혜아리고(삼강:이존오)

(70) 둔이 상의 ᄂ리돗노 주롤 아디 몯호대(삼강:도미쳐)

(71) 왕이 소긴 주롤 알고 노호믈 심히 ᄒ야(삼강:도미쳐)

(72) 그티 말리 올호 줄을 아로티(두창:12)

(73) 본티 글 닑을 줄을 아디 못 ᄒ거눌(오륜1:18)

(74) 네 어늬 짜 사롬인 줄을 내 엇지 알며(몽노3:14)

4) 디

'디'는 15세기국어에서 서법적인 기능의 발달과 함께 항상 '-오-'를 선접하는 의존명사였는데 16세기 이후 '-오-'를 선접시키지 않는 형이 나타나며 결국 소멸한다.

(75) 물도 또 머건 디 빅브른 저긔(노걸상:60)

(76) 學問엣 道는 다른 거시 업슨 디라(동몽:16)

(77) 너 小子는 맛당이 그 보와 늣겨 興起홀 딘뎌(동몽:32)

(78) 벋이란 거슨 그 德을 벋ᄒᆞᄂᆞ 디라(동몽:11)

(79) 즈식이 可히뻐 효도 아니티 몯홀 찌니(동몽:3)

(80) 敢히 父母롤 닛디 몯홀 디라(소언4:18)

(81) 그 도라 오디 몯홀 딘뎌(소언4:51)

(82) 威儀롤 공경ᄒᆞ며 삼가ᄂᆞ 디라(소언4:52)

(83) 의복이 맛디 아니ᄒᆞ 뎌(소언4:44)

(84) 故로 君子ㅣ 大를 닐을 딘댄(중용:11)

(85) 父母ᄂᆞ 그 順ᄒᆞ시린 뎌(중용:14)

(86) 은혜와 ᄉᆞ랑ᄒᆞ기 굿츠믈 알고져 홀진 댄(은중:20)

(87) 日月이 가ᄂᆞ 디라(오륜1:22)

(88) 만일 德行 이시며 文學 잇ᄂᆞ 이룰 닐올 쩐대(오륜1:14)

(89) 사름의 밥을 먹으면 맛당이 사름의 일을 일삼을 삐라(오륜1:14)

(90) 이 약 먹기를 세환으로 ᄒᆞ 졔를 삼을 찌니(납약:16)

(91) 이져 ᄲᅮ돌이 되엿ᄂᆞ 지라(몽노1:1)

(92) 창을 열어 진딘홀 찌니(윤음:27)

(93) ᄎᆞ라리 멋 쳔이랑 나라 구실과 … 환자를 일홀 지언졍(윤음:24)

(94) ᄎᆞ마 형용ᄒᆞ야 니르지 못홀 지라(윤음:53)

'디〉지'의 변화를 보이면서 앞의 '-오-'가 소멸되어 가는데, '디'는 '것'에도 그 자리를 내어 주었다는 것은 앞에서 기술한 바가 있다. 그러나 '디'는 '-온 디라', '-올 디라' 등으로 이미 서법적인 기능으로 크게 발달하였기 때문에 '-오-'의 소멸이 그리 쉽지는 않았으며 16세기 이후에도 상당기간 동안 '-오-'를 취하였다. 다음은 '-오-'가 소멸되지 않고 남아 있는 예들이다.

(95) 쥬신이 집 기슭 아래 가 보내욜 디니(여씨:21)

(96) 혹텽ᄀᆞ쇠어 나셔셔 기들욜 디니(여씨:21)

(97) ᄯᅩ 졀ᄒᆞ야든 쥬신이 답례ᄒᆞ야 졀홀 디니(여씨:25)

(98) 다 順코 正홈올 말믜암아뻐 그 맛당흔 일을 힝홀 디니라(소언3:7)

(99) 반ᄃᆞ시 ᄃᆡ답홈ᄋᆞᆯ 삼가ᄒᆞᆯ 디니라(소언3:11)
(100) 禮 아니어든 뮈디 말ᄋᆞᆯ 디니라(소언3:4)
(101) 道ᄅᆞᆯ 닷고ᄃᆡ 仁으로ᄡᅥ ᄒᆞᆯ 띠니라(중용:19)
(102) 樂ᄒᆞ고 ᄯᅩ 耽ᄒᆞᆫ 디라(중용:14)
(103) 몸 닷곰을 ᄉᆡᆼ각ᄒᆞᆯ 띤댄(중용:19)
(104) 믈읫 ᄌᆞ식을 구ᄒᆞᆯ 딘대(태산:7)
(105) 眞實로 미치다 닐:얼 디로다(선가상:6)
(106) 學者ᄂᆞᆫ … 參究ᄒᆞᆯ 디언뎡 주근 句란 參究 마롤 디어다(선가상:13)
(107) 일 업슨 閑道人의 眞樂ㅣ라 닐:얼 디로다(선가상:5)
(108) 슬퍼 아니 먹ᄂᆞᆫ 디 아니라(삼강:이강처)

4.2.2. 자립명사구문

의존명사구문이 15세기국어에서 NP 〉 ADVP의 변화로 이미 '-오-'를 취하지 않는 예가 많았음에 비하여 자립명사의 관형화구성에는 3.4에서 설명한 시간, 장소, 이유 등의 부사절 구성을 제외하면 '-오-'의 선접이 거의 필수적이었다.[89] 이는 자립명사(N1)가 의존명사(N2)에 비하여 명사성이 강하기 때문에 '-오-'를 유지하려는 경향이 강한 것으로 설명할 수 있다. 그러나 16세기 이후의 자료에서는 자립명사 앞에서도 '-오-'의 소멸이 시작되어 확산되는 것을 볼 수 있다. 다음의 ㄱ의 예들은 「飜譯小學」과 「小學諺解」의 비교에서, ㄴ의 例들은 「飜譯老乞大」와 「老乞大諺解」의 비교에서 자립명사 앞에서 '-오-'가

---

89) 이호권(1987:92-3)에서는 「釋譜詳節」, 「月印釋譜」, 「法華經」의 비교에서 '-오-'의 선접이 불규칙한 예를 들고 이미 15세기 국어 당시에 '-오-'가 동요되고 있음을 지적하였다. 그러나 이러한 불규칙성은 설명을 요하며 '-오-'의 명사구(NP) 구성표지라는 기능으로서 설명해 낼 수 있는 예들이 대부분이다.

┌이 말ᄒᆞᄂᆞᆫ 젼ᄎᆞ로(석상19:31)
└이 말ᄒᆞ논 젼ᄎᆞ로(법6:81)

┌아비 잇논 城에 다ᄃᆞᄅᆞ니(월석1:9)
└아비 잇ᄂᆞᆫ 城에 다ᄃᆞᄅᆞ니(법2:188)

즉 이유, 장소의 의미역을 나타내는 명사 앞에서 그것의 부사적 기능으로 인하여 '-오-'의 출현이 불규칙한 것으로 설명되는 것이다.

소멸되고 있음을 보인 것이다.

ㄱ.

(109) ┌ 빅셩이 자뱃논 常性이라(번소6:1)
      └ 빅셩의 자밧노 덛덛흔 거시라(소언5:1)

(110) ┌ 주뎨이...맛드러 ㅎ논 이리(번소6:6)
      └ 子弟의...됴히 너기노 거시(소언5:6)

(111) ┌ 셩신 현신의 ㅎ시논 이리며(번소6:8)
      └ 셩인 현인의 ㅎ시노 바이리며(소언5:8)

(112) ┌ 무드며 홍졍ㅎ논 노릇시(번소6:10)
      └ 묻으며 홍졍ㅎ노 희롱이(소언5:9)

(113) ┌ 이베 골히욜 마리 업스며(번소6:13)
      └ 입에 골힐 말이 업스녀(소언5:13)

(114) ┌ 외니 올ㅎ니 ㅎ며 할아며 기리논 소이예(번소6:24)
      └ 외니 올ㅎ니 ㅎ며 헐쓰리며 기리노 소이예(소언5:22)

ㄴ.

(115) ┌ 이 믈 우희 시론 아니한 모시뵈도(노걸상:8)
      └ 이 믈쎄 실은 져근 모시뵈도(노언상:7)

(116) ┌ 밤마다 먹논 딥과 콩이(노걸상:12)
      └ 밤마다 먹노 딥과 콩이(노언상:11)

(117) ┌ 네 사ㅎ논 딥피 너므 굵다(노걸상:19)
      └ 네 싸ㅎ노 딥히 너모 굵다(노언상:17)

그 밖의 자료에서도 '-오-'가 소멸되어 가고 있음을 알 수 있는데, 다음의 ㄱ은 16세기 이후에도 '-오-'가 남아 있는 예들이고 ㄴ은 '-오-'가 소멸된 예들이다.

ㄱ.

(118) 느미 올흐며 :왼 이롤 잘 결단흐며(여씨:4)

(119) 모든 사룸이 흐욜 이리 잇거든 위흐야 힘뻐 일우며(여씨:4)

(120) 사괴여 :놀 사룸을 잘 굴히야 흐며(여씨:4)

(121) 즈식 빈 겨집이 금긔홀 법이라(태산:14)

(122) 一代所說론 부텻 四十九年 니른샨 말스미시니(선가상:4)

(123) 諸佛 니른샨 經은 몬져 諸法을 分別흐시고(선가상:11)

(124) 祖師논 ... 行과解ㅣ 서르 마즈샨 일후미시니라(선가상:2)

(125) 어늬 이 祖師西來 흐샨 쁘디닛고(선가상:12)

ㄴ.

(126) 아릭 셰간 논호려 흐 뜯디 업더니(이륜:21)

(127) 구쇠 ㄱ른치며 경계흐논 말로 글 지어 새배 니러(이륜:30)

(128) 내 죽쟈 사쟈 사괴논 벗 범식을 못 보애라 흐고(이륜:33)

(129) 婦ㅣ ...세 가지 죵논 道를 昧흐고(동몽:7)

(130) 부모의 ㄱ르치논 녕을 아이에 좃지 아니흐며(은중:27)

(131) 쓴 거슬 숨키고 둔 거슬 토흐논 은혜니(은중:14)

(132) 신의 두 셩 아니 셤기논 쁘돌 일워징이다(삼강:길재)

(133) 역신의 흐논 일이라 흐니(두창:9)

(134) 學生의 빅호논 글이 이 무슴 글고(오륜1:20)

(135) 형의 닐온 대로 흐면(오륜1:10)

(136) 내 親生호 兒子伍倫備논 나히 十七 歲오(오륜1:13)

(137) 오오흐고 황황흐야 호구홀 계칙이 업스니(윤음1:3)

(138) ... 민인 등의게 하유흐시논 글이라(윤음:1)

관형화구성에서의 '-오-'의 소멸은 위의 보기와 같이 단순히 '-오-'가 선접되지 않으므로써 실현되는 것이 보통이지만 다음과 같은 구성을 통해서도 '-오-'의 출현이 위축된다.

(139) ┌ 子弟의 <u>호욜 이롤</u> ᄒ디 아니 홀시(번소6:3)
      └ 子弟 일을 ᄒ디 아니홈을 위호 디라(소언5:3)

(140) ┌ 느미 <u>닐을 주롤</u> 분별 아니홀 시라(번소6:18)
      └ 사롬의 말을 분별 아니 홈이니라(소언5:16)

(141) ┌ 너희 <u>立身홀</u> 일 비호몰(번소6:21)
      └ 너를 <u>몸세기</u> 비홈올(소언5:20)

(142) ┌ 웃듬 근원을 <u>삼올</u> 디니라(번소6:34)
      └ 웃듬 근본을 <u>삼으며</u>(소언5:31)

   즉 관형화구성이 명사로(140-142), 혹은 연결어미로(143) 대체되
면서 관형화내포문을 구성하지 않게 되어 '-오-'의 선접을 필요로 하
지 않는 통사적 구성을 취하고 있는 것이다.

   관형화구성 중에서 '-오-'가 선접되면서 주어가 표면에 나타나지 않
은 관용적인 구성이 있음을 3.2.2에서 기술한 바가 있는데 이러한 '-
오-'는 오랫동안 소멸되지 않고 지속된다.

   ㄱ.
(143) ┌ 네 <u>닐온</u> 곧이롤 사기다가 이디 몯ᄒ여도(번소6:15)
      └ <u>닐온</u> 바 곧이롤 사겨 이디 몯ᄒ아도(소언5:14)

(144) ┌ 네 <u>닐온</u> 버들(번소6:15)
      └ <u>닐온</u> 바 버들(소언5:14)

   ㄴ.
(145) 셋재 <u>닐온</u> 병호미오(여씨:35)

(146) 셋재논 <u>그론</u> 힝실이 온공ᄒ며 손슌티 아니 호미오(여씨:7)

(147) <u>닐온</u> 믈읫 존댱잇 사ᄅᆷ을 쳥ᄒ야(여씨:23)

(148) 몸 닷그며 말불음을 <u>닐온</u> 어딘 힝실이니라(소언3:6)

(149) 거동이 이셔 ...<u>닐온</u> 儀니(소언4:53)

(150) 아ᄋᆫ 공경홈ᄋᆫ <u>닐온</u> 밧 여슷 順홈이니이다(소언4:53)

(151) 도롤 닷글 쑬 <u>닐온</u> 敎ㅣ니라(중용 서)

(152) 하놀히 命ᄒ샨 거슬 <u>닐온</u> 性이오(중용 서)

(153) 누어셔 나호ᄆᆫ <u>닐온</u>...(태산:22)

(154) ...<u>닐온</u> 즈식 빈 빅이라(태산:8)

(155) 역산은 <u>닐온</u> 발이 몬져 나미니(태산:23)

(156) 횡산은 <u>닐온</u> 아긔 소니 몬져 나미니(태산:23)

(157) 一念ㅣ란 거슨 一法ㅣ니 <u>닐온</u> 衆生心ㅣ라(선가상:7)

ㄱ은 「飜譯小學」과 「小學諺解」의 비교에서 '-오-'가 소멸되지 않고 남아 있는 것을 보여주며, ㄴ은 그 밖의 자료에서 '-오-'가 남아 있는 예들이다. 이러한 구성의 '-오-'는 명사화구성에서의 전성명사화한 '-오-'와 성격이 비슷하며 명사화구성에서도 전성명사에서의 '-오-'의 소멸이 가장 늦게 이루어지는 것과 같이 이해된다. 관용적인 사용에 의하여 '-오-'가 화석화하여 남아 있는 형태로 볼 수 있는 것이다.

4.3. 명사화구성에서의 '-오-'의 소멸

의존명사구문의 관형화구성에서 시작된 '-오-'의 소멸은 자립명사구문의 관형화구성으로 확산되었으며, 15세기국어에서는 '-오-'의 선접이 필수적이었던 명사화구성에까지 확산되어 16세기 이후의 자료에서는 이러한 구성에서의 '-오-'의 소멸을 확인할 수 있다. 그러나 관형화구성에서의 '-오-'의 소멸보다는 그 정도가 낮으며 '-오-'를 선접한 형과 '-오-'를 선접하지 않은 형의 공존이 오랫동안 계속된다. 이러한 쌍형의 존재는 다음과 같은 「飜譯小學」과 「小學諺解」의 비교에서 확인된다.

ㄱ.

(158) ┌ 陸績의 橘 푸몸과(번소6:5)
      └ 陸績의 橘 품음과(소언5:5)

(159) ┌ 顔子이 로ᄒᆞ욤 다룬 ᄃᆡ 옴기디 아니 호믈 …(번소6:9)
      └ 顔子의 노 옴기디 아니홈을 …(소언5:9)

(160) ┌ 어마니믜 ᄉ랑ᄒ샤믜(번소6:10)
      └ 엄의 ᄉ랑홈이(소언5:9)

(161) ┌ 내의 ᄆᆞ슴 요동 아니 호미(번소6:10)
      └ 내의 ᄆᆞ옴 요동 아니 홈이(소언5:9)

(162) ┌ ᄉᆞᄅᆞ미 비홈 의쇼믈 아체러홀시라(번소6:18)
      └ 눔이 비홈 의심을 아쳐ᄒᄂ니라(소언5:17)

(163) ┌ 孔子ㅣ 법도로 ᄀ라튜믈(번소6:23)
      └ 孔子ㅣ 일홈 지어 ᄀ라치시믈(소언5:21)

(164) ┌ 일 아ᄂᆞᆫ ᄉᆞᄅᆞ미 더러이 너교미 두외ᄂᄂ니라(번소6:26)
      └ 유식ᄒᆞ니의 더러이 너김이 되ᄂᄂ니라(소언5:24)

ㄴ.

(165) ┌ 지블 正희요매 시작일시(번소6:7)
      └ 집을 正홈애 비르슴이라(소언5:7)

(166) ┌ 일워셰유미 어려오문 ᄒᄂ래 올음 굳고(번소6:20)
      └ 일우셰윰이 어려움은 ᄒᄂ롤애 올옴 굳고(소언5:19)

(167) ┌ 벼술 올오몰 求ᄒᆞᆫ대(번소6:21)
      └ 벼슬 올몸을 求ᄒᆞᆫ대(소언5:19)

(168) ┌ 몬져 홈만 ㄱㅌ니 업스니라(번소6:21)
　　　 └ 몬져 홈만 곤투니 업스니라(소언5:20)

(169) ┌ ㅂ즈러니 홈만 ㄱㅌ니 업스니라(번소6:21)
　　　 └ ㅂ즈러니 홈만 곤투니 업스니라(소언5:20)

(170) ┌ 사ᄅ미 날 어딘 줄 아디 몯 <u>호ᄆ란</u> 분별 마오(번소6:22)
　　　 └ 사ᄅ미 아디 몯 <u>호ᄆ란</u> 분별 마오(소언5:20)

(171) ┌ 너희 … 멀에 <u>호ᄆᆯ</u> 警戒ᄒ노니(번소6:22)
　　　 └ 너를 … 멀에 <u>홈ᄋᆯ</u> 경계ᄒ노니(소언5:20)

(172) ┌ 堯舜 ㄱ티 <u>다ᄉ리샤ᄆᆯ</u> 맛나ᅀᆞ와(번소6:27)
　　　 └ 堯舜의 ㄱ티 <u>다ᄉ리샴을</u> 만나(소언5:25)

(173) ┌ 어딘 사ᄅ미 도의디 아니 <u>호ᄆᆡ</u>(번소6:32)
　　　 └ 君子ㅣ 되디 아니 <u>홈ᄋᆡ</u>(소언5:30)

(174) ┌ ᄆ숨 머구ᄆᆯ … 소기디 아니 <u>호ᄆ로ᄡᅥ</u>(번소6:34)
　　　 └ ᄆᆞᆷ 세욤ᄋᆯ … 소기디 아니 <u>홈ᄋ로ᄡᅥ</u>(소언5:31)

(175) ┌ ᄌᆞ뎨 글 비<u>호ᄆ</u>이이시며(번소6:36)
　　　 └ 子弟 혹문홈이이시며(소언5:34)

　ㄱ은 '-오-'의 소멸이 이루어진 예들이고 ㄴ은 '-오-'가 소멸되지
않고 남아 있는 예들이다.90) 이는 「飜譯小學」과 「小學諺解」의 비교에
서 관형화구성에서의 '-오-'의 소멸이 완성되었음과 비교하면, 명사화

---

90) 李基文(1972:162)에서는 「小學諺解」에서 '-ㅁ' 앞에서의 '-오-'의 소멸이 완성되었다고
　　보고 16세기 후반을 그 소멸시기로 잡고 있으나, 「小學諺解」에서 '-옴'형은 일부만이
　　변화를 입고 있어 오히려 변화의 시작으로 볼 수 있으며, 뒤의 구어체 문장으로 된 「老
　　乞大諺解」에서도 '-오-'가 기능을 가지고 쓰이고 있으므로 문자의 보수성을 고려하더
　　라도 명사화구성에서의 '-오-'의 소멸시기는 훨씬 뒤로 잡아야 할 것이다.

구성에서의 '-오-'는 관형화구성에서의 '-오-'와 소멸 시기를 달리하고 있음을 알 수 있다. 이것 역시 명사성의 정도에 있어서의 차이로 해석되며 '-ㄴ, -ㄹ'에 의한 관형화구성보다는 '-ㅁ'에 의한 명사화구성의 명사성이 강하기 때문일 것이다. 「飜譯小學」과 「小學諺解」의 비교에서 '-오-'의 출현 문제만을 놓고 보면 매우 혼란스러움을 보인다.91) 그러나 이러한 혼란은 또 하나의 새로운 질서(체계)를 향한 혼란이라고 믿는다. 다음의 「飜譯老乞大」와 「老乞大諺解」의 비교에서 우리는 이러한 질서를 발견한다.

(176) ┌ 엇디 漢語 <u>닐오미</u> 잘 ᄒᆞ누뇨(노걸상:2)
　　　└ 엇디 漢語 <u>니롬을</u> 잘 ᄒᆞ누뇨(노언상:1)

(177) ┌ 네 <u>닐옴도</u> 올타커니와(노걸상:5)
　　　└ 네 <u>니롬도</u> 올커니와(노언상:4)

(178) ┌ 우리 벋 지서 <u>:가미</u>(노걸상:8)
　　　└ 우리 벗 지어 <u>가미</u>(노언상:7)

(179) ┌ 뎨셔 곧 믈 져제 <u>:감도</u> ᄯᅩ 갓가오니라(노걸상:11)
　　　└ 뎨셔 곳 믈 져제 <u>가미</u> ᄯᅩ 갓가오니라(노언상:10)

(180) ┌ 네 <u>닐오미</u> 올타(노걸상:11)
　　　└ 네 <u>니로미</u> 올타(노언상:10)

---

91) 「飜譯小學」에서 '-오-'가 선접되지 않았던 구성에 「小學諺解」에서 오히려 '-오-'가 선접되는 다음과 같은 예들도 찾아볼 수 있다. 그러나 대부분이 명사화구성에서 '-오-'가 남아 있음을 볼 수 있다.
　┌사ᄅᆞ미 즐겨 <u>ᄒᆞᄂ</u> 이롤 조차 즐겨(번소6:14)
　└사롬이 즐겨 <u>홈을</u> 즐겨(소언5:13)
　┌거즛<u>이리라</u>(번소6:28)
　└쇽졀업시 <u>홈이라</u>(소언5:26)
　┌어디디 몯<u>ᄒᆞ누닌</u>(번소6:29)
　└어디디 몯<u>홈이</u>(소언5:27)
　┌이레 <u>다ᄃᆞ라셔</u>(번소6:34)
　└일에 <u>다ᄃᆞ롬애</u>(소언5:31)

(181) ┌ 큰형님 **니루샤미** 올ᄒ시이나(노걸상:41)
　　　 └ 큰형의 **니롬이** 올타(노언상:37)

(182) ┌ 세히 ᄒ듸 길 :**녀매**(노걸상:34)
　　　 └ 세 사롬이 홈쯰 **녜매**(노언상:30)

(183) ┌ 골픈 제 ᄒ 입 어더 <u>머구미</u> 브른 제 ᄒ 말 … (노걸상:43)
　　　 └ 골픈 제 ᄒ 입 어더 <u>먹으미</u> 브른 제 ᄒ 말 … (노언상:39)

　　그러나 「老乞大諺解」에서 '-오-'의 소멸이 완성된 것은 아니며 이러한 소멸은 「蒙語老乞大」에서야 이루어진 예도 보인다. 한 형태소의 소멸은 實로 오랜 기간을 걸쳐 이루어진다는 것을 알 수 있는 것이다.

(184) ┌ 조심<u>호미</u> 됴ᄒ니라(노걸상:34)
　　　 ├ 조심<u>호미</u> 도로혀 됴ᄒ니라(노언상:30)
　　　 └ 操心<u>호미</u> 됴ᄒ니라(몽노2:20)

(185) ┌ 네 <u>닐오미</u> ᄠ든과 굳다(노걸상:11)
　　　 ├ 네 <u>닐오미</u> 맛치 내 ᄠ든과 긋다(노언상:10)
　　　 └ 네 <u>니ᄅᄂ 거시</u> 내 싱각에 맛도다(몽노1:15)

(186) ┌ 우리를 ᄒ룻밤 <u>재게 호미</u> 엇더ᄒ뇨(노걸상:47)
　　　 ├ 우리를 ᄒ룻밤 <u>재게 호미</u> 엇더ᄒ뇨(노언상:43)
　　　 └ ᄒ룻밤 <u>재오미</u> 엇더ᄒ뇨(몽노3:13)

　　우리는 16세기 이후의 다른 문헌에서도 관형화구성에 비하여 명사화구성의 '-오-'는 많이 남아 있어서 '-오-'를 선접한 형과 선접하지 않은 형이 공존하고 있음을 알 수 있다. 먼저 '-오-'를 선접하고 있는 예를 통합한 조사에 따라 분류하여 보이면 다음과 같다.

1) 온

(187) 아르믜 화동티 아니 호믄 …(이륜:27)
(188) 小人의 中庸에 반홈은 小人이오(중용:1)
(189) 爵을 序홈은 뼈 貴와 賤을 辨ᄒ는 배오(중용:18)
(190) 누어셔 나호믄 닐온 …(태산:22)
(191) 衆生이 몰라 生死보믄 空花 니롬 곧고(선가상:7)
(192) 産業을 置立홈은 다 그저 이 兒子롤 爲홈이라(오륜1:19)

2) 이

(193) 니광진이 어버이 셤기몰 ᄀ장 지셩으로 호미 잇쩌니(이륜:18)
(194) 이 곧디 아니훈 거슨 다 익호미 업스니(여씨:5)
(195) 아비와 ᄌ식이 親홈이 이시며(동몽:1)
(196) 仁은 人이니 親을 親홈이 크고(중용:19)
(197) 하눌의 物生홈이 반ᄃ시 그 材롤 因ᄒ야 篤ᄒᄂ니(중용:16)
(198) ᄌ식 수이 나케 호미 신효ᄒ니(태산:16)
(199) 衆生이 므ᄉ몰 가져 므ᄉ몰 어두미 ᄯ 이 곧도다(선가상:6)
(200) 부텨와 祖師과의 世間에 나샤미 ᄇ롬 업슨 바라(선가상:2)
(201) 졍이 감동호미 만ᄒ여 눈므리 다아미 업도다(삼강:최루백)
(202) 님금 위ᄒ야 거상호미 일홈 어두려 ᄒ는 주리 아니라(삼강:이자화)
(203) 과연 이 夫人이 請홈이 이시면(오륜1:16)
(204) 주리거나 비브르기로 음식의 샹호미 이셔(납약:11)
(205) 능히 빅징ᄒ는 원통홈이 업스며(윤음:43)

3) 올

(206) 됴호 일란 널왇고 해르온 일란 업게 호몰 잘ᄒ며(여씨:4)
(207) 모다 졀ᄒ며 읍호몰 례로 ᄒ고(여씨:26)
(208) 그 믓형이 그저 사랏쩌니 디졉호믈 ᄀ장 위곡이 ᄒ며(이륜:19)
(209) 세 아올 머기며 ᄀ르쳐 ᄉ랑호몰 훈 가지로 ᄒ더라(이륜:17)

(210) 벋 取홈을 반드시 단졍훈 사롭을 ᄒ며(동몽:11)

(211) 서르 티졉홈을 손 곤티 ᄒ니(동몽:7)

(212) 道의 行티 몯 홈을 내 아노라(중용:15)

(213) 神의 格홈을 可히 度디 몯ᄒ곤(등용15)

(214) 아기 음문에 다드로몰 기들워(태산:20)

(215) 두 사롬미 弄談호몰 보시더니(선가상:5)

(216) 지비 간난호티 어미 효양호몰 지그기 ᄒ더니(삼강:김득인)

(217) 탈상ᄒ고 슬피 ᄉ모호믈 더욱 졀히 ᄒ야(삼강:김덕숭)

(218) 도적들희 引壞홈을 닙ᄂ니(오륜1:7)

(219) 이 黃湯子의 명을 ᄯᆞᆫ홈을 닙ᄂ니(오륜1:4)

(220) 손발을 겨두디 못 호믈 고티ᄂ니(납약:1)

(221) 졍신이 아득호믈 고티ᄂ니(납약:5)

  4) 이라

(222) 훈나훈 ᄀ론 덕과 업과로 서르 권 아니<u>호미오</u>(여씨:7)

(223) 마ᄉ래 거ᄒ야셔 그 직싥을 잘 거힝<u>호미오</u>(여씨:4)

(224) 夫와 婦논 두 姓의 合홈<u>이라</u>(동몽:6)

(225) ᄆ옴에 두며 몸의 體ᄒ고쟈 <u>홈이니</u>(동몽:16)

(226) 그 이뻐 舜되<u>옴이신뎌</u>(중용:5)

(227) 내 님굼의 ᄯᆞ돌 일우고져 <u>호미라</u>(삼강:박제상)

(228) 그 ᄌ식을 ᄉ랑티 아니 홈<u>이라</u> ᄒ니(오륜1:14)

(229) 뎨ᄌ 믓 싱각디 못 홈<u>이로다</u>(오륜1:19)

  5) 애

(230) 깃븐 일 잇거든 하례ᄒ며 사례<u>호매</u> 서르 둔니라(여씨:20)

(231) 믈읫 졀<u>호매</u> 존훈 사롬은 ᄲ러 븓잡고(여씨:38)

(232) 恭養이 君티 못ᄒ야 드듸여 亡<u>홈애</u> 니르니(동몽:31)

(233) 五行이 서르 生<u>홈애</u> ᄆᆞᆫ져 理와 氣 인ᄂ디라(동몽:18)

(234) 모다 酬<u>홈애</u> 下ㅣ 上을 爲홈은(중용:18)

(235) 나라히 道ㅣ 이슘애 塞을 變티 아니ㅎㄴ니(중용:9)
(236) 後에 安公이 遠方에 謫官홈애(오륜1:1)
(237) 二十四歲예 夫ㅣ 亡홈애 守寡ㅎ여(오륜1:13)

　6) ㅇ로

(238) 곽도경의 네딧 조샹돌히 효도호ㅁ로 일홈 나 ㅁ올회셔(이륜:23)
(239) 그 太極이 肇判홈으로브터(동몽서:1)
(240) 切ㅎ며 嗟ㅎ며 琢ㅎ며 磨홈으로뻐(동몽:12)
(241) 陰과 陽이 비로소 눈홈으로브터(동몽:18)

　7) 기타(Ø, 과)

(242) 먼 딕 行ㅎ리 반ᄃ시 갓가온 믜로브터 홈 ᄀ투며(중용:14)
(243) 瑟과 琴을 鼓홈 ᄀ투며(중용:15)
(244) 튀로 싱홈과 알노 싱홈과 저즌 긔운으로 싱홈과 …(은중:2)
(245) 衆生이 몰라 生死보ㅁ 空花 니롬 ᄀᄃ고(선가상:7)
(246) ᄆᄋᆷ과 졍신이 어즐홈과 모든 닝긔를 고티고(납약:5)
(247) 각산댱의 ᄀ로 뽀ᄂ 거슬 창시홈과(윤음:16)

　'-옴'형의 모든 격조사와의 통합형을 찾아볼 수 있었음은 '-오-'가 16세기 이후의 국어에서도 명사구내포문을 구성하는 표지로서 생산적으로 기능하였음을 말해 준다. 즉 부분적으로 남아 있는 잔존형은 아닌 것이다.

　다음은 '-오-'가 소멸된 예들이다.

　1) 은

(248) 놉고 貴ㅎ니롤 셤김은 하놀과 ᄯᅡ히 덛덛흔 經이며(동몽:4)
(249) 子의 어버이 셤김은(동몽:13)

(250) 틔긔 동ㅎ야 편티 몯ㅎ모(태산:17)

(251) 죠흔 물을 드리모 한 나라 대환 긋고(윤음:5)

(252) 을모흘 밧지 아니 홈은 …일코져 홈이니(윤음:42)

(253) 비의 표류ㅎ기 이시모(윤음:10)

2) 이

(254) 堯와 舜의 다스리미 노피 일빅 님금의 읃듬이라(동몽:18)

(255) 크신 惠의 後昆의 垂ㅎ시미 裕ㅎ샤 닐외시미니(동몽서:4)

(256) 두렵고 무셔오미 그음이 업스니(은중:13)

(257) 일 아르미 넓지 못ㅎ니(은중:3)

(258) 아비 죽논 양을 보고 구챠히 사라시미 얻디 ㅎ리오(삼강:비영자)

(259) ㅎ르 두 복식 먹으미 ㄱ장 됴ㅎ니라(두창:22)

(260) 형의 니롬이 극히 有理ㅎ다(오륜1:3)

(261) 三鐘을 먹음의 언머이 됴커니쓰녀(오륜1:3)

(262) 다뭇 환자를 갊ㅎ미 에서 나은 거시 업순지라(윤음:19)

(263) 쳔거ㅎ여 쌔혀내미 계칙 업스니 내 심히 블샹히 넉이노라(윤음:10)

3) 올

(264) 형뎨 서르 잡고 주그라 가물 두토더니(이륜:22)

(265) 신해 님금 셤김을 忠을뻐 홀디라(동몽:5)

(266) 몸이 쪼흔 용납ㅎ믈 보디 몯ㅎ고(동몽:24)

(267) 아비 셤김을 能티 몯ㅎ며(중용:12)

(268) 주뫼 주리믈 수양치 아니 ㅎ도다(은중:15)

(269) 치워ㅎ며 더워ㅎ믈 아지 못ㅎ야(은중:30)

(270) ㄱ르 나며 갓고로 나믈 닐위고(태산:21)

(271) 손소 분지반 내믈 네 히도록 그치디 아니ㅎ야(삼강:강렴)

(272) 박뎨상이 가물 쳥ㅎ야(삼강:박제상)

(273) 병의 경ㅎ며 듐ㅎ믈 의논티 말고(두창:9)

(274) 밤의 燈燭 업솜을 셜워(오륜1:21)

(275) 밥이 옴애 반찬 업슴을 혐의로아 ᄒ며(오륜1:17)
(276) 사룸이 네 學 이시며 學 업숨을 알려 ᄒ면(오륜1:24)
(277) 일로 인ᄒ아 즈식나키 그처시믈 고티ᄂ니(납약:16)
(278) 너희 등이 안도ᄒ믈 드르면(윤음:30)
(279) 나라히 특별이 진념ᄒ믈 드리워 보기를(윤음:7)

4) 이라

(280) 여숫재 닐온 거즛죄 니브미오(여씨:35)
(281) ᄒ나ᄒ 므레 ᄲᅥ가며 블 블티미오(여씨:34)
(282) 號룰 發ᄒ며 슈을 베프미오(동몽:4)
(283) 벋이 믿브미 의심이라(동몽:1)
(284) 나는 아란이 스스로 일크르미오(은중:1)
(285) 역산은 닐온 발이 몬져 나미니(태산:23)
(286) 횡산은 닐온 아긔 소니 몬져 나미니(태산:23)
(287) 家룰 다가다 그릇 밍글미니이다(오륜1:19)
(288) 허믈이 다 나 ᄒ 사룸의게로 말미암음이니(윤음:2)

5) 애

(289) 晉이 天下를 두매 ᄒ롤 百 나마 디내되(동몽:23)
(290) 孔子ㅣ 書를 定ᄒ시매(동몽:18)
(291) 나라히 道ㅣ 업슴애 주금애(중용:9)
(292) 天地의 큼애도 사룸이 오히려 憾ᄒᄂ 배 인ᄂ니(중용:11)
(293) ᄉ랑ᄒ미 듕ᄒ매 졍이 참기 어렵고(은중:15)
(294) 죽어 니별ᄒ매 진실노 닛기 어렵고(은중:18)
(295) 말솜 몯ᄒ시매 니ᄅ더라(삼강:정몽주)
(296) 밋 사룸의 子弟룰 그ᄅ침애 니르러ᄂ(오륜1:17)
(297) 母親이 不幸ᄒ여 일 죽으심애(오륜1:17)
(298) 내 그으기 심히 통분ᄒ야 ᄒ매(윤음:28)
(299) 밤의 싱각을 니르혀매(윤음:14)

6) 우로

(300) 사룸을 貴히 녀기ᄂ 바ᄂ 그 五倫이 <u>이시모로</u> ᄲᅦ라(동몽:1)
(301) 이 저긔 남녜 명티 몯<u>ᄒ여시모로</u>(태산:11)
(302) 겨ᄐᆞ로 <u>누어시모로</u> ᄌᆞ식이 복듕에 이셔(태산:21)
(303) 이제 열을 <u>ᄶᅥ시므로</u> 그 보디 못ᄒᄂᆞᆫ 바롤 보며(두창:9)
(304) 고티ᄂ 증이 무궁<u>ᄒᄆᆞ로</u>(납약:16)
(305) 과인이 어극<u>ᄒᄆᆞ로</u> 밋처ᄂ(윤음:9)
(306) 그러ᄒᄂ나 동궁에 <u>이시모로</u>부터(윤음:51)

'-오-'가 소멸한 명사화구성이 16세기 자료에서부터 모든 조사와의 통합형을 가짐을 볼 때 16세기 이후부터는 명사화구성에서 '-오-'의 소멸이 전면적으로 일어났음을 알 수 있다. 그러므로 명사화구성에서 '-오-'를 선접한 형과 선접하지 않은 형의 쌍형은 상당기간 공존하였음을 알 수 있다.

명사화구성의 '-오-'는 주로 위와 같이 동일한 통사적 구성에서 '-오-'를 소멸시키면서 변천해 간다. 그러나 '-옴'에 의한 명사화구성의 약화를 가져온 것을 다른 곳에서도 찾아볼 수가 있으니 그것은 다름아닌 '-기'의 활발한 사용에서이다. '-기'는 15세기국어에서는 용례도 적고 내포문을 구성하는 기능을 가졌다기보다는 파생의 접사에 불과하였던 것인데 16세기 이후에는 그 용례가 눈에 띠게 많아졌으며 명사화 내포문의 구성에 적극적으로 참여하게 되었다. 이러한 '-기'의 통사적 기능의 확대는 '-옴'과의 충돌을 피할 수 없게 하였으며 '-옴'형은 '-기'에도 그 자리를 내어 주게 되었던 것이다.

'-옴' 〉 '-기'에로의 교체는 다음 문헌의 비교에서 확인할 수 있다. ㄱ은 「飜譯小學」과 「小學諺解」의 비교, ㄴ은 「飜譯老乞大」와 「老乞大諺解」의 비교이다.

ㄱ.

(307) ┌ 잔 머구모로 노푼 이룰 삼고(번소6:19)
　　　└ 잔 먹움기로쎠 노폰 허울을 삼고(소언5:18)

(308) ┌ ᄒ마 뉘우조미 어려오니라(번소6:19)
　　　└ 이믯 뉘웃기 어려우니라(소언5:18)

(309) ┌ 사치예 드루모 쉽고(번소10:30)
　　　└ 샤치ᄒ 틴 들기ᄂ 쉽고(소언6:129)

ㄴ.

(310) ┌ 예셔 셔울 :가매(노걸상:10)
　　　└ 예셔 셔울 가기(노언상:9)

(311) ┌ 머구믈 ᄆ차든(노걸상:43)
　　　└ 먹기 ᄆ차든(노언상:38)

(312) ┌ 법다이 밍그로믈(노걸상:26)
　　　└ 법다이 밍글기롤(노언상:24)

(313) ┌ 믿요몰 구디 ᄒ라(노걸상:37)
　　　└ 믿기롤 구디 ᄒ라(노언상:34)

(314) ┌ 예셔 夏店에 :가매(노걸상:46)
　　　└ 예셔 夏店 가기(노언상:41)

(315) ┌ 훈 디위 쉬요믈(노걸상:31)
　　　├ 훈 디위 쉬요믈(노언상:28)
　　　└ 훈 번 쉬기롤(몽노2:16)

　　명사화구성의 '-기'는 문어체보다는 구어체적인 특성을 갖는 것으로, 17세기 이후의 구어체 중심의 문헌에서 많은 용례를 보이고 있다. '-기'는 16세기 이후 국어에서 '-ㅁ'에 의한 명사화구성을 교체하는 커다란 세력으로 등장하는데 18세기 문헌에서 사용이 가장 많았다는 연구가 있다.[92]

'-기'는 여러가지 점에서 '것'과 공통점을 갖는데, 15세기국어에 이미 문체적인 특성을 가지고 존재하다가 차츰 그 기능과 세력을 확장하여 새로운 교체형으로 등장하게 되는 시기, 방법 등이 유사하다. 특히 '-오-'의 소멸과 밀접한 관련을 갖고 있다는 점에서 더욱 그러하다. '것'이 관형화구성의 '-오-'의 소멸에 중요한 기능을 담당하였다면, '-기'는 명사화구성의 '-오-'의 소멸에 큰 몫을 담당하였던 것이다. 그러므로 '것'에서처럼 '-기'는 명사화구성에서의 '-오-'의 소멸의 결과로만 해석할 것이 아니라 소멸의 한 원인으로도 해석될 수 있는 것이다. 공시적으로 공존하는 두 언어형식 중에서 어느 하나가 세력을 얻어 다른 하나를 침식하여 소멸하게 하는 것은 언어변화의 가장 보편적인 방식이기 때문이다.[93]

16세기 이후의 자료에서 명사구내포문을 구성하는 '-기'의 용례를 보이면 다음과 같다. 이러한 '-기'의 기능은 명사구내포문표지인 '-오-'의 기능에 위축을 가져 오게 하는 것이라고 볼 수 있는 것이다.

(316) 음식 빙그라 손 되졉ᄒ기를 각각 ㄱ오 아라 잇쩌니(이륜:30)
(317) ᄉ랑ᄒ미 둥ᄒ매 졍이 춤기 어렵고(은중:15)
(318) 아히 건장ᄒᄆᆯ 듯고 즐거우며 깃브기 샹시에셔 빗나 ᄒ도다(은중:14)
(319) 이웃지븨 셩조ᄒ기도 ᄯᅩ 금긔ᄒ라(태산:14)

---

92) 蔡琬(1979)에서는 18세기 무렵에 '-기'의 사용이 정점을 이루다가 현대로 오면서 재정 비되어 온 것으로 추측하고 있다. 이러한 현상은 Labov(1963)의 언어변화 이론에 따르면 과도수정(hypercorrection) 후의 새로운 규범의 정립으로 해석될 수 있다.

93) 李鉉奎(1975)에서는 '-옴> -ㅁ> -기'의 단계적인 변천과정을 상정함으로써 '-오-'가 소멸된 후의 '-ㅁ'이 '-기'와 같은 입장이 되었을 때 '-기'가 세력을 확대했을 것으로 설명하고 있는데, 실제로 자료를 조사해 보면 '-옴> -기'의 직접적인 변화를 많이 목격하며 이는 오히려 '-기'가 명사구내포문을 구성하는 확장된 기능을 갖게 된 이후에 명사구내포문표지인 '-오-'를 직접 소멸시켰을 가능성이 큰 것으로 해석하게 한다. '-오-'의 소멸과 '-기'의 출현의 관련성의 의미가 여기에 있는 것이다.

(320) ᄌᆞ식 빈 후에 남진겨집이 ᄒᆞ디 <u>자기</u>를 크게 금긔ᄒᆞ라(태산:14)
(321) 네 오면 네 <u>죽기</u>롤 면ᄒᆞ리라(삼강:이동교쳐)
(322) 시호 <u>주시기</u> 놀 문툥이라 ᄒᆞ시고(삼강:정몽주)
(323) 두역돗기롤 <u>거르기</u> 만히 ᄒᆞ야(두창:22)
(324) 사ᄅᆞ미 ᄌᆞ식 <u>소랑ᄒᆞ기</u>롤 넘무 과히 ᄒᆞ야(두창:9)
(325) 주리거나 <u>ᄇᆡ브르기</u>로 음식의 샹ᄒᆞ미 이셔(납약:11)
(326) 오라며 갓가오며 <u>발작ᄒᆞ기</u> ᄢᅢ업시 호믈 못디 말고(납약:6)
(327) 능ᄒᆞ고 능치 못ᄒᆞ기ᄂᆞᆫ 슈지의게 잇고(윤음:28)
(328) 착ᄒᆞᆫ ᄆᆞ옴 <u>노리기</u>ᄂᆞᆫ 셤과 뉵지 간격이 업스니(윤음:11)

　'-오-'가 선접된 명사화구성 중에 관용적으로 굳어진 전성명사형이 있음을 우리는 3.2.1에서 기술한 바 있다. 이러한 전성명사에 선접한 '-오-'는 그 소멸이 가장 더뎌 늦게까지 '-오-'를 보유한 것을 볼 수 있다. 이는 관형화구성 중에서도 관용화한 '닐온, 그론' 등이 '-오-'를 늦게까지 유지하고 있는 것과 같이 설명된다.

　다음의 예들은 이러한 전성명사에 '-오-'를 선접한 예이다.

(329) <u>우루몰</u> 그치디 아니터니(이륜:3)
(330) <u>안좀올</u> 尸 굳티 ᄒᆞ며(소언3:12)
(331) 공경이 <u>게을옴올</u> 이긔ᄂᆞᆫ 이ᄂᆞᆫ(소언3:2)
(332) <u>슬푸미</u> 도로 니르니(온중:14)
(333) 부텨ᄂᆞᆫ <u>그룜</u> 업슨 法을 니ᄅᆞ샤ᄉᆞ(선가상:12)
(334) 대개 <u>죠홈</u>과 구즈믈 더브러(윤음3:5)

　또한 전성명사에는 '-오-'가 선접되지 않은 형도 있는데 이들 중에는 이전에는 '주굼, 우룸, 깃붐, 슬품' 등으로 '-오-'를 선접시킨 형에서 '-오-'가 소멸된 예도 있다.

(335) <u>주거</u>믈 시러 모라와(이륜:1)
(336) <u>우르</u>믈 그치디 아니터니(이륜:11)

(337) 벋이 믿브미 이심이라(동몽:1)

(338) 죽음오로뻐 스스로 밍셰ᄒ니라(소4:36)

(339) 거슯즘을 멀이 홀 디니라(소3:6)

(340) 슬프물 먹음고(은중:13)

(341) 깃브미 졍ᄒ매(은중:13)

(342) 놀라믈 ᄀ장 심히 ᄒ거다(태산:17)

(343) 오직 아프믈 춤노라(태산:21)

(344) ᄇ룸 업슨 바라(선가상:2)

(345) 주그매 미처 브르지져 울고(삼강:윤은보)

(346) 구즈믈 더브러(윤음:56)

　이러한 전성명사도 다음과 같이 '-기'형으로 교체되며 '-ㅁ'전성명
사의 위축을 가져 오게 된다.

(347) ᄯ 혹당의 가셔 품쓰기 ᄒ고(노걸상:3)

(348) 례도와 음악과 활뽀기와 어거ᄒ기와 글스기와 혀임혜기와(여씨:5)

(349) 녀롭지이와 즘심치기 ᄒ더니(이륜:2)

(350) 형언운이 겨집ᄒ기 ᄒ며(이륜:21)

(351) 술먹기롤 됴히 녀겨(동몽:15)

(352) 활뽀기논 나ᄉ며(소언3:19)

(353) 죽어 니별ᄒ매 진실노 닛기 어렵고(은중:18)

(354) 죽기롤 더러 받쯰 구향 보내다(삼강:이존오)

(355) ᄭ진기롤 이븨 그치디 아니ᄒ니(삼강:정만쳐)

(356) 머리빗기롤 금ᄒ고(두창:14)

(357) 똠나기롤 흐을 ᄒ라(두창:20)

(368) 글닑기롤 됴히 너기더니(오륜1:21)

(369) 도로혀 놀기 됴ᄒ니이다(오륜1:8)

(370) 나도 물긋기 닉지 못ᄒ롸(몽노2:21)

(361) 이 술 푸눈 사름아 도토기 잘ᄒ다(몽노4:14)

(362) 거복의 털을 긁기 굿고(윤음:23)

(363) 이리 펴 니르기를 베프노니(윤음:28)

4.4. '-오-'의 소멸과 통사변화

4.4.1. 명사화구성에서의 '-오-'의 소멸과 통사변화

지금까지 우리는 '-오-'의 소멸이 시작되어 확산되는 과정을 16세기 이후의 자료를 통하여 살펴 보았다. '-오-' 소멸의 동기를 명사성의 약화라는 기능변화의 관점에서 보았는데 이러한 기능의 변화는 국어의 통사구조에 변화를 초래하게 된다. 우리는 이미 3.3에서 의존명사구문의 분석을 통하여 관형화구성에서의 '-오-'의 소멸이 가져오게 되는 통사변화를 살펴 본 바 있으므로 이 곳에서는 명사화구성에서의 '-오-'의 소멸이 초래하는 통사변화에 대하여 논의를 집중시킬 것이다.

우선 '-오-'의 소멸 이후 '-ㅁ'에 의한 명사화구성의 출현이 국어 통사구조에서 위축되어 나타나고 있음이 눈에 띈다.

ㄱ.
(1) ┌ 오직 노르샛 말ᄒ요믈 즐기고 녯 도리 스랑ᄒ몰 아니ᄒ야(번소6:19)
    └ 오직 희롱엣 말을 즐기고 녯 도리 싱각디 아니ᄒ야(소언5:17)

(2) ┌ 너희 수울 즐기디 마로믈 警戒ᄒ노니(번소6:23)
    └ 너를 술 즐기디 말라 경계ᄒ노니(소언5:22)

(3) ┌ 어르믈 볼오딕 ᄠᅥ딜가 저홈 ᄀ티 ᄒ노니(번소6:27)
    └ 어름을 볼옴애 오직 ᄠᅥ러딜가 두려 ᄒ노니(소언5:25)

(4) ┌ 물둘히 분외로 머구믈 빅브르려니와(노걸상:24)
    └ 물둘히 分外로 머거 빅브르려니와(노언상:22)

(5) ┌ 띄우믈 멀즈시 미라(노걸상:38)
    └ 띄워 멀즈시 미라(노언상:34)

ㄴ.

(6) ┌ 우리 벋지서 :가미(노걸상:8)
    ├ 우리 벗지어 가미(노언상:7)
    └ 우리 벋흐야 가면(몽노1:11)

(7) ┌ 세히 흔디 길 :녀매(노걸상:34)
    ├ 세 사룸이 홈씌 녜매(노언상:30)
    └ 세 사룸이 홈씌 갈쎄(몽노2:21)

(8) ┌ 머구미 브르녀 아니 브르녀(노걸상:42)
    ├ 머그미 브르냐 아니 브르냐(노언상:38)
    └ 먹어 빈부르냐 아니냐(몽노3:7)

(9) ┌ 머구믈 무차든(노걸상:43)
    ├ 먹기 무차든(노언상:38)
    └ 먹어돈(몽노3:7)

ㄷ.

(10) ┌ 엇디 漢語 닐오미 잘 흐느뇨(노걸상:2)
     ├ 엇디 漢語 니룸을 잘 흐느뇨(노언상:1)
     └ 漢말을 엇지흐아 잘 아눈다(몽노1:2)

(11) ┌ 뎨셔 곧 물 져제 :감도 쏘 갓가오니라(노걸상:11)
     ├ 뎨셔 곳 물 져제 가미 쏘 갓가오니라(노언상:10)
     └ 져긔셔 물 져지도 갓가오니라(몽노1:14)

(12) ┌ 네 닐오미 올타(노걸상:11)
     ├ 네 니루미 올타(노언상:10)
     └ 네 말이 올타(몽노1:15)

ㄹ.

(13) ┌ 네 닐옴도 올타커니와(노걸상:5)
　　├ 네 니롬도 올커니와(노언상:4)
　　└ 네 니르논 말이 올커니와(몽노1:6)

(14) ┌ 각각 사르미 다 웃듬으로 :보미 잇느니라(노걸상:5)
　　├ 각각 사롬이 다 主見이 잇느니라(노언상:4)
　　└ 사롬이 各各 다 아논 곳이 잇느니라(몽노1:6)

(15) ┌ 네 닐오미 쁟과 곧다(노걸상:11)
　　├ 네 닐오미 맛치 내 쁟과 굿다(노언상:10)
　　└ 네 니르논 거시 내 싱각에 맛도다(몽노1:15)

(16) ┌ 큰형님 니르샤미 올흐시이나(노걸상:41)
　　├ 큰형의 니롬이 올타(노언상:37)
　　└ 큰兄의 니르논 거시 올타(몽노3:5)

(17) ┌ 골픈 제 한 입 어더 머구미 …(노걸상:43)
　　├ 골픈 제 혼 입 어더 먹으미 ..(노언상:39)
　　└ 주릴 직 혼 번 어더 먹는 거시 …(몽노3:8)

　ㄱ의 예들은 '-옴'형이 부사형어미 '-디, -어' 등으로 바로 부사화하는 경우이다.[94] ㄴ의 예들은 '-오-'의 소멸과정을 거쳐 부사화하며, ㄷ의 예들은 명사화구성이 단순히 명사로 교체되며, ㄹ의 예들은 명사화구성이 관형화구성으로 바뀌고 있는 경우이다. 이러한 여러 형태의 통사구조의 변화는 '-오-'의 소멸과 관계가 있는 것으로 보이는데, '-오-'의 선접과 함께 명사화구성을 빈번히 이루었던 국어의 통사구조에서 '-오-'의 소멸과 함께 명사화구성이 위축을 받은 것임을 보여 주는 것이라고 생각한다. 즉 '-옴〉(-ㅁ)〉-기'와 같은 명사화구성으로의

---

94) 孫周一(1980:19)에서는 '-어, -게, -디, -고' 등의 부사형어미와 선어말어미 '-오-'는 절대로 결합하지 않음을 자료를 통하여 지적한 바 있다. 이는 '-오-'와 부사적 기능이 상치되어 있음을 말해 주는 것이다.

교체 외에 위와 같은 교체 현상으로도 명사화구성이 위축을 보이며 그
중에서 부사화의 경우가 가장 빈번하다. 이는 NP 〉 ADVP의 통사변
화로 이러한 변화는 '-오-'의 소멸과 직접·간접으로 관련되어 있다고
볼 수 있는 것이다.

우리는 3.3에서 명사구(NP)를 구성하던 의존명사가 어미화하여, 혹
은 그대로 부사구(ADVP)를 이루는 것을 고찰한 바가 있다. '-ㄴ디',
'-디', '-ㄴ듸', '-듸', '-ㄴ대', '-ㄴ돌', '-돌', '-돈', '-둣', '-
동', '-ㄹ시', '-ㄹ싀', '-ㄹ순', '-순' 등은 NP 〉 ADVP의 변화를
보여 주었으며 이러한 과정에서 '-오-'는 소멸하고 있었다. 우리는 이
러한 변화의 동기를 명사성의 약화로 보아 명사구내포문표지인 '-오-'
의 소멸을 설명하였었다. 의존명사의 어미화는 관형화구성에서 앞의
관형형어미 '-ㄴ', '-ㄹ'과 뒤의 의존명사의 통합이 긴밀하게 밀착됨
으로써 이루어졌는데, 명사화구성에서는 명사형어미 '-ㅁ'과 조사가
통합함에 있어서 이러한 구성이 이루어질 수 있다. '-옴'과 통합하는
조사로는 주로 '온', '이', '올', '이라', '애', '으로' 등이 자료에서
확인된다.95) 이 중에서 '애'와 '으로'는 처소와 도구의 의미역을 나타
내어 부사적 기능을 가지고 있는 조사이며 '옴애 〉 음애 〉 (으)매',
'옴으로 〉 음으로 〉 (으)므로'로 어미화한다.96)

다음과 같은 예는 이들이 이미 어미화하였음을 나타낸다.

(18) ┌ 내 ᄒᆞᆫ 버디 ᄢᅥ디여 울싀(노걸상:1)97)
　　├ 내 ᄒᆞᆫ 벗이 이셔 ᄢᅥ뎌 오매(노언상:1)
　　├ ᄒᆞᆫ 벋이 ᄣᅥ져 오모로(몽노1:1)
　　├ 내 ᄒᆞᆫ 벗이 이셔 ᄣᅥ져시매(노언重상:1)
　　└ ᄒᆞᆫ 벗이 ᄣᅥ져 옴애(청노1:1)

---

95) 그 밖에 '과, 만, 브텨, 도, 으란, 이' 등과의 통합형을 찾을 수 있다.
96) 高永根(1975)에서는 '-(으)매'는 "事實拘束形; 때.까닭"으로, '-(으)므로'는 "事實拘束
　　形, 까닭; 原因"의 어미로 설정되어 있다.
97) 原文에는 'ᄢᅥ디여'로 되어 있으나 'ᄢᅥ디여'의 誤刻인 듯하여 고쳐 쓴 것이다.

위의 '-매', '-모로'는 '-ㄹ시'와 같이 '까닭'을 나타내는 어미로 기능하는 것이다. 우리는 여기서 관형화구성과 명사화구성으로 명사구 내포문(NP)을 이루던 구문이 접속문화하여 부사구(ADVP)를 이루게 되는 통사변화를 목격할 수 있는데 이러한 변화의 내면에는 명사성의 약화가 작용하며, 더 깊은 내면에는 '-오-'의 소멸이라는 것이 동인으로 존재함을 간취할 수 있는 것이다.

4.4.2 '-오디' 구문의 특수성과 통사변화

중세국어 문장 구성에서 '-오디'가 이끄는 구문은 그 용법이 다양한 구성을 보이는데, 이것은 '-오디'가 단일한 기능의 어미로만 기능한 것이 아님을 말해준다. 지금까지의 연구에서는 이러한 '-오디'의 용법에 대하여 약간의 의미적인 접근만이 이루어졌으며 이에 대한 형태·통사적인 접근은 시도되지 않고 있으나 이의 형태소적 구성에서부터 통사적 구성에 이르기까지 보다 철저한 규명이 이루어져야 할 것이다. 이 곳에서는 이러한 다양한 '-오디' 구문의 통사적 구성을 공시적·통시적 관점에서 고찰하여, 그 통사적 구성이 종래 기술되어 온 구문의 유형과 달리 기술되어야 할 특수한 구문이 있음을 살펴 보고, 그러한 구문을 통하여 '-오-'의 명사구내포문표지로서의 기능을 다시 검토해 봄으로써 국어 통사변화의 한 단면을 고찰해 본다.

즉 '-오디' 구문에 나타나는 구문상의 특수성을 국어 통사구조의 변화라는 관점에서 포착하여 그 변화에 대한 설명을 시도해 볼 것이다. 이를 위하여, 우선 공시적 고찰을 통하여 '-오디' 구문의 유형을 통사적 구성의 차이로 나누어 분석함으로써 '-오디'에 특수한 통사적 구성이 있음을 찾아내고, 통시적 고찰을 통하여 이러한 특수한 구문의 존재를 확인해 본다.

1. '-오디' 구문에 대한 공시적 고찰

지금까지의 연구에서 '-오디'는 '-오-'를 항상 선접시키는 접속(연

결)어미 '-딕'로 설정되었다. 李崇寧(1985:297)에서는 설명법의 접속
형으로, 劉昌惇(1973:267-9)에서는 사실형의 구속형과 사실형의 방
임형 연결어미로 구분하여 기술되었으며, 허웅(1975:612)에서는 설명
이나 인용을 나타내는 설명법의 이음법씨끝으로 설정되었다. 그밖에
李基文(1984:166), 安秉禧(1978:227)에서는 양보를 나타내는 연결
어미로 설정되었다.

이상의 연구에서 '-오딕'는 설명이나 사실, 양보의 의미를 갖는 접
속어미로 기술되었으며 유창돈의 연구를 제외한 나머지 연구들에서는
'-오딕'의 '-오-'를 '-딕'에서 분석해내는 기술을 하고 있다. 또한 이
기문, 안병회에서는 이 '-오-'를 선어말어미로 기술하고 있다.

지금까지의 '-오딕'에 대한 연구에서는, 위에서 살펴본 바와 같이,
'-오딕' 구문에 대한 형태·통사론적인 분석이 면밀하게 이루어지지
않고 의미적인 접근이 이루어지고 있을 뿐이다. 통사적 구성에 있어서
다양함을 보이고 있는 '-오딕' 구문의 통사적 차이에 대한 통사론적
분석, '-오딕'에서 '-오-'를 분석해내는 형태론적 문제, '-오-'와 '-
딕'의 결합 과정, '-오-'의 기능에 대한 규명 등이 그대로 남아 있는
것이다.

이 곳에서는 우선 15세기국어에서의 '-오딕' 구문을 그 통사적 구성
의 차이로 나누어 분석함으로써 공시적인 접근을 먼저 해본다.

1) 인용문구성

(19) 婆羅門이 … 그 똘두려 <u>무로딕</u> 그뒷 아바니미 잇ᄂ닛가 <u>對答ᄒ딕</u>
     잇ᄂ니이다 婆羅門이 <u>닐오딕</u> 내 보아져 ᄒᄂ다 술바쎠 (석상
     6:14)

위의 예의 '무로딕', '對答ᄒ딕', '닐오딕' 등에서 '-오딕'는 인용문
을 이끌고 있다. 이와 같이 인용문을 이끌고 있는 '-오딕'의 예로서는
이밖에 '너교딕', '盟誓ᄒ딕', '솔보딕', '스랑ᄒ딕', '發願ᄒ딕' …
등을 자료에서 찾아 볼 수 있으며 중세국어 구문에서 '-오딕'는 이러

한 인용문을 이끄는 어미로 빈번하게 사용되고 있다.

　2) 순접의 접속문 구성

(20) 그 나랏 法에 붙텨 사룸물 <u>모도오딕</u> 풍부플 티면 十二億 사룸미
　　 몯고 (석상6;28)
(21) 버거 부톄 <u>겨샤딕</u> 쪼 일후미 日月燈明이시고 (석상13;29)

　위의 예에서 '-오딕'는 앞 문장을 뒤 문장에 그대로 연결하는 접속
문 구성을 이루고 있으며, 종전에 연구된 대로 사실이나 설명을 나타
내는 접속어미로 기능하고 있다고 볼 수 있다.

　3) 역접의 접속문구성

(22) 훈 天宮엔 五百 天女ㅣ <u>이쇼딕</u> 天子ㅣ 업더니 (월석7:11)
(23) 여러 히롤 샹녜 구지럼 <u>드로딕</u> 怒훈 쁘들 아니 내야 (석상19:30)

　위의 '-오딕'는 앞 문장과 뒤 문장을 연결함에 있어서 의미상 대조
되는 접속문을 구성하고 있으며 종전의 연구에서 양보를 나타내는 접
속어미로 기술된 것에 해당한다고 볼 수 있다.

　위의 2)와 3)에서의 '-오딕'는 통사구성상 어떤 차이를 나타내지는
않으며, 또한 이들은 앞에서 보인 1)의 인용문 구성에서의 '-오딕'와
더불어 모두 접속문을 구성하고 있는 접속어미로 기술될 수 있다.

　그러나 '오딕'가 이끄는 통사구성이 이러한 접속문구성이 아닌 다른
구성으로 분석될 수 있는 가능성을 다음과 같은 4)의 '-오딕' 구문에
서 찾아볼 수 있다. 이 글은 바로 이러한 '-오딕' 구문의 통사적 특수
성을 중시하고 이러한 특수한 구문에 대하여 형태·통사적 접근을 시
도함으로써 '-오딕' 구문의 변천 과정을 이해해 보려는 것이다.

4) 명사구내포문구성

ㄱ. 주어명사구 구성

(24) 十方如來ㅣ 菩提 일우몰 <u>得ᄒᆞ샤틱</u> 다 이에브터 비르스시니라 (능엄
1:40)

(25) 부톄…東方앳 一萬 八千 世界롤 <u>비취샤틱</u> 아래로 阿鼻地獄애 니를오
(석상13:13)

위의 '得ᄒᆞ샤틱', '비취샤틱' 등이 이끄는 '-오틱' 구문은 전체문에
서의 통사적 성분이 주어절로 분석될 수 있는데 이는 다음과 같이 '-
옴이' 구문으로 바꾸어 보면 그 구성 관계를 명확히 알 수 있다.

*(24′) 十方如來ㅣ 菩提 일우몰 <u>得ᄒᆞ샤미</u> 다 이에브터 비르시스니라

*(25′) 부톄…東方앳 一萬 八千 世界롤 <u>비취샤미</u> 아래로 阿鼻地獄애
니를오

이와 같이 '-오틱' 구문을 통사구성상 '-옴이' 구문으로 바꾸어 볼
수 있는 것은 '-오틱' 구문이 명사적 기능을 보이기 때문이다. 이러한
구문에 통사적 성분분석을 하여 보면 다음과 같다.

*(24″) 〔〔<u>十方如來ㅣ 菩提 得ᄒᆞ샤틱</u>〕S 〕NP 다 이에브터 비르스시니라

*(25″) 〔〔<u>부톄…東方앳 一萬 八千 世界롤 비취샤틱</u>〕S 〕NP 아래로
阿鼻地獄애 니를오

즉, '十方如來ㅣ … 得ᄒᆞ시다', '부톄…비취시다'라는 문장(S)이 주어절
을 이루면서 전체문에 주어명사구(NP)로 내포된 것으로 분석될 수 있다.

ㄴ. 목적어명사구 구성

(26) 내 太子롤 <u>셤기ᅀᆞᄫᅩ틱</u> 하ᄂᆞᆯ 셤기ᅀᆞ᷆ᆺ ᄒᆞ야 (석상6:4)

(27) 舍利弗이 … 따흘 볼보디 믈 넓듯 ᄒ고 므를 볼보디 따 넓듯
ᄒ더니 (석상6:34)

위의 '셤기ᅀᆞᆸ보디', '볼보디' 등은 목적절을 이끌며 전체문에서 그
통사적 성분이 목적어로 기능한다고 볼 수 있으며 다음과 같이 '-옴
올' 구문으로 바꾸어 볼 수 있다.

*(26') 내 太子를 셤기ᅀᆞᆸ보ᄆᆞᆯ 하ᄂᆞᆯ 셤기ᅀᆞᆸ듯 ᄒ야
*(27') 舍利弗이 … 따흘 볼보ᄆᆞᆯ 믈 넓듯 ᄒ고 므를 볼보ᄆᆞᆯ 따 넓듯 ᄒ더니

이러한 구문은 다음과 같이 '내 … 셤기ᅀᆞᆸ다', '舍利弗이 … 넓다'
라는 문장(S)이 목적절을 이루면서 전체문에 목적어명사구(NP)로 내
포된 것으로 분석될 수 있다.

*(26'') 내 〔〔(내) 太子를 셤기ᅀᆞᆸ보디〕S 〕NP 하ᄂᆞᆯ 셤기ᅀᆞᆸ듯 ᄒ야
*(27'') 舍利弗이 〔〔(舍利弗이) 따흘 볼보디〕S 〕NP 믈 넓듯 ᄒ고

실제로 15세기국어의 다음과 같은 구문에서 '-오디', '-옴올', '-옴
애' 사이의 구조적 차이를 발견하기는 어렵다.

(28) 이러트시 種種 微妙ᄒᆞᆫ 거슬 布施ᄒᆞ오디 즐겨 슬히 아니 너겨 (석상13:23)
(29) 羅雲이 져머 노릇술 즐겨 法 드로ᄆᆞᆯ 슬히 너겨 ᄒ거든 (석상6:10)
(30) 佛頂에 가줄비샤 相 보매 거리ᄭᅵ디 아니ᄒᆞ야 (능엄1:8)

위의 '布施ᄒᆞ오디', '드로ᄆᆞᆯ', '보매'는 각각 '즐겨', '너겨', '거리ᄭᅵ
디'의 목적어 성분이 되며, '-오디', '-옴올', '-옴애'가 이끄는 절은
모두 명사적 기능을 가지고 있음을 알 수 있다. 이와 같이 15세기국어
에서 이들은 동일한 기능의 용례를 보이는데, 우리는 우선 이러한 명사
적 구성에 공통적으로 형태소 '-오-'가 개입하는 것에 주의를 기울일 필
요가 있으며, '-오디'가 어떤 과정의 구성을 통하여 명사적 기능을 갖게
되었는지에 대하여 관심을 가질 필요가 있는 것이다. 즉, '-옴올', '-옴

애'에서의 '-옴'의 명사적 용법에 대하여는 우리가 익히 알고 있는 바이나, '-오티'의 명사적 용법에 대하여는 설명을 필요로 하는 것이다. 여기에서는 바로 이 '-오티'의 명사적 용법에 대한 설명을 시도해 보려는 것이다.

2. '-오티' 구문에 대한 통시적 고찰

우리는 위의 '-오티' 구문의 공시적 고찰에서 '-오티'구문이 명사적 기능으로 분석될 수 있는 가능성에 대하여 살펴 보았다. 그러나 현대 국어의 언어 직관을 가진 우리로서는 위의 구문들을 접속문구성의 '-오티' 구문과 구별하여 명사적 구성으로 인식하기는 매우 어렵다. 바로 이러한 점이 통사 변화에 대한 우리의 인식이 어려운 이유이기도 하다. 그러므로 이곳에서는 통시적 고찰을 통하여 '-오티' 구문의 명사성을 한번 더 확인해본다.

1) 「飜譯老乞大」와 「老乞大諺解」의 비교

(31) ┌ 이 술윗방의 :자티 엇더ᄒ뇨 (노걸상:52)
     └ 이 술윗방의 잠이 엇더ᄒ뇨 (노언상:47)

(32) ┌ 물 먹을 딥과 콩을 밧괴여 :주티 엇더ᄒ고 (노걸상:53)
     └ 물 딥과 콩을 밧괴여 줌이 엇더ᄒ고 (노언상:47)

(33) ┌ 네 나를 져기 죽 쑤워 주티 엇더ᄒ뇨 (노걸상:55)
     └ 네 날를 져기 죽 쑤어 줌이 엇더ᄒ뇨 (노언상:49)

(34) ┌ 우리 ᄆᆞᄅᆞ니 머구티 엇더ᄒ뇨 (노걸상:60)
     └ 우리 그저 ᄆᆞᄅᆞ니 먹음이 엇더ᄒ뇨 (노언상:54)

(35) ┌ 네 져그나 더로티 엇더ᄒ뇨 (노걸상:23)
     └ 네 져기 더로미 엇더ᄒ뇨 (노언상:21)

위의 예들은 '-오디' 구문이 '-옴()-ㅁ)이' 구문에 대응하며, '-오디'가 이끄는 절이 전체문에서 주어명사구로 기능하여 명사구내포문을 구성하고 있음을 보이고 있다.

2) 「飜譯小學」과 「小學諺解」의 비교

ㄱ.

(36) ┌ 어딘 사로몰 <u>믜요디</u> 원슈 ㄱ티 ㅎ고 (번소6:31)
     └ 어딘 사롬 <u>믜기를</u> 원슈 곧티 ㅎ며 (소언 5:28)

(37) ┌ 그 <u>ㅎ논</u> 이리 쉽디 아니흔 주를 보시면(번소7:4)
     └ 그 <u>ㅎ디</u> 쉽디 몯흔 줄을 보시면 (소언5:37)

ㄴ.

(38) ┌ 내 몸 <u>위호디</u> 빗나며 샤치호몰 됴히 너겨 (번소6:26)
     └ 몸 <u>봉양홈을</u> 빗나며 샤치홈올 됴히 너기ᄂᆞ니라 (소언5:24)

(39) ┌ 제 모몰 가져 <u>도뇨디</u> 단졍ㅎ며 (번소6:34)
     └ 몸 가져 <u>도님을</u> 단졍ㅎ며 (소언5:32)

(40) ┌ 죄롤 <u>지수디</u> 음식 ㄱ티 ㅎ야 (번소6:31)
     └ 형벌과 법을 <u>犯홈을</u> 飮食 곧티 ㅎ야 (소언5:28)

ㄷ.

(41) ┌ 어르믈 <u>볼오디</u> ᄲᅥ딜가 저홈 ㄱ티 ㅎ노니 (번소6:27)
     └ 어름을 <u>볼옴애</u> 오직 ᄲᅥ러딜가 두려 ㅎ노니 (소언5:25)

(42) ┌ 버들 <u>되졉호디</u> 버디게 눙히 ᄂᆞ죽디 아니ㅎ고 (번소6:3)
     └ 벋을 <u>되졉홈애ᄂᆞᆫ</u> 能히 벋의게 ᄂᆞ리디 몯ㅎ고 (소언5:3)

(43) ┌ 그디네 어딘 사롬이 되오져 호매 (번소6:32)
     └ 그디네 君子를 되고져 <u>호디</u> (소언5:30)

위의 ㄱ의 예는 '-오틱' 구문이 주어명사구에 대응하는 구문인데 (36)에서는 '-오틱'가 명사형 접미사 '-기'와 대응되며, 특히 (37)에서는 'ᄒ논 일'이라는 명사와 바로 대응하고 있다.

ㄴ에서는 '-오틱'구문이 '-옴(-ㅁ)을'로 대치되며 목적어명사구로 기능한다. ㄷ에서는 '-오틱'가 '-옴()-ㅁ)애'로 바뀌는데, (43)에서는 반대로 '-옴애'가 '-오틱'로 바뀌고 있다.

이상으로 '-오틱' 구문의 통사구성을 1)의 인용문구성, 2)와 3)의 순접과 역접의 접속문구성, 4)의 명사구내포문구성으로 나누어 살펴보았다. 특히 이 글에서 관심을 갖고 있는 4)의 구성에 대하여는 이의 공시적·통시적 고찰을 통하여, '-오틱' 구문중에서 어떤 특수한 구문은 중세국어 통사구조에서 명사적 기능으로 분석될 수 있음을 확인해 보았다. 즉, 적어도 현대국어의 언어 직관으로는 중세국어의 대부분의 '-오틱' 구문이 접속문을 구성하는 접속어미로 분석되는데 이러한 언어 직관으로도 위에서 보인 4)의 구성들은 그 통사구성이 명사적 기능으로 분석될 수 있는 것이다.

만약에 우리가 중세국어의 언어 직관을 가질 수 있다면, 그리고 시대적으로 더 거슬러 올라갈 수 있다면 더 많은 수의 '-오틱' 구문이 명사적으로 분석될 수 있는 가능성이 있지 않을까? 또한 중세국어에 위축되어 나타나 있는 '-오틱' 구문의 명사적 기능은, 통시적 관점에서 볼 때, '-오틱'구문의 본래의 문법적 기능이 변천하는 과정에서 잔재적으로 남아 있는 기능으로 이해될 수는 없을까? 이 글은 공시적 관점에서 제기되는 통사 구조상의 의문점에 대하여 언어 변화라는 통시적 관점에서 그 변천의 가능성을 설명해 보려는 시도이다.

그러나 오늘날의 문법기술의 시점에서는 '-오틱', '-옴올', '-옴애'의 통사 구조상의 부분적인 대응 관계만을 가지고 이들의 문법적 기능을 명사적 기능으로 동일시할 수는 없으며, '-오틱'의 형태소에 대한 철저한 규명과 '-오틱' 구문의 문법적 기능의 변천에 대한 연구가 아울러 이루어져야 할 것이다. 이러한 연구를 위하여 여기에서는 다음과 같은 역사언어학적인 설명의 문제를 염두에 두고 연구를 진행해볼 것이다. 즉, '왜'와 '어떻게'에 대한 물음이다. '-오듸'의 명사적 기능은 어떻게 가능한 것이며 왜 위축되어 간 것인가? 이러한 '-오듸' 구문의 변화는 국어의 통사 구조에 어떤 변화를 초래하였는가?

3. 설명의 문제

1) 형태론적 접근

'-오듸'의 문법적 기능의 연구에서는 이의 형태소에 대한 규명이 먼저 이루어져야 한다. '-오듸'의 형태소 분석에 대하여는 異見이 있다. '-오듸'를 분석할 수 없는 한 형태소로 보는 견해와 이를 선어말어미 '-오-'와 '-듸'로 분석하되 이때 '-오-'는 항상 선접되는 것으로 보는 견해이다. 전자에 속하는 대표적인 설명은 高永根(1981:37)에서 찾아볼 수 있다. 즉, 형태소 분석의 기준으로 계열관계와 통합관계를 만족시켜야 한다는 원칙을 적용하여 '-오듸'의 '-오-'를 분석할 수 없다고 하였다. 그러나 '-오듸'에서 '-오-'를 분석하는 문제는 이러한 형태소의 공시적·구조적 관점뿐만이 아니라, '-오-'의 문법적 기능, '-오-'의 소멸 과정, '-오-'와 '-듸'의 결합 과정, '-오듸'의 문법적 기능 등의 형태소의 통시적·기능적 관점도 분석 기준에 고려되어야 할 것이다. 이 곳에서는 '-오-'를 '-듸'에서 분석해내는 입장을 취하고 앞에서 열거한 분석 기준들을 고려하여 '-오듸' 구문을 설명해 나갈 것이다.

'-오-'의 형태소적 분포에 대한 기준은 앞 장(2.2.2)에서 살펴 본바 있다. '-오이다'와 '-오듸'를 제외한 모든 형의 '-오-'가 동명사형어미 '-ㅁ, -ㄴ, -ㄹ' 앞에 나타남을 보이고, 형태소 '-오-'의 분포를 동명사형어미 앞이라고 제시하였다. 두 예외에 대한 설명으로는, '-오이다'는 '-오라'에 선어말어미 '-이-'가 선접된 것이므로 동명사형어미와 관련된 형태소적 분포에서는 문제가 되지 않으나, '-오듸'의 경우는 동명사형어미와 관련하여 '-오-'의 형태소 분포를 설정할 때 문제가 됨을 지적하고, 이에 대한 설명으로는 중세국어의 의존명사 '듸'

가 어미화하는 과정에서 '딕' 앞에 존재하였던 관형형어미가 탈락하였
을 가능성을 제시하였다. 즉, 선어말어미 '-오-'는 기본적으로 '-옴, -
온, -올' 형태를 취하는데 이 중에서 명사 '딕'앞에 올 수 있는 것은
통합소로서의 관형형어미 '-ㄴ'이나 '-ㄹ'이며, '선어말어미{-오-} +
관형형어미{-ㄴ/-ㄹ} + 의존명사{딕}'의 통사론적 구성을 이루던 것
이 '딕'의 어미화와 함께 형태론적 구성으로 결합하는 과정에서 관형
형어미가 탈락하였을 가능성을 제시한 것이다.

  'ᄃ' 계열의 의존명사 '디, 딕, 돌, 둔, 돗' 등은 중세국어에서 이미
어미화하고 있으며 이러한 과정에서 다음과 같이 관형형어미의 탈락을
보이고 있다.

(44) 覺이 거스논 <u>디</u> 아니며 (원각序:61)
(45) 반두기 볼고몰 <u>보디</u> 몯 ᄒ리로다 (능엄2:200)

(46) 法이 심기샨 <u>딕</u> 이쇼몰 證홀 ᄯᄅ미라 (능엄1:23)
(47) 믈ᄯ몰 술ᄫ리 <u>하딕</u> (용가13)

(48) 一切 諸佛이 이 經브터 나샨 <u>돌</u> 알리니 (금강序:6)
(49) 法 듣<u>돌</u> 아니 ᄒ리라 (월석2:36)

(50) 서르 보논 <u>둔</u> 恭敬ᄒ야 (내훈1:77)
(51) 됴훈 法이 <u>오나둔</u> (월석7:47)

(52) 衆生이...眞珠 혜툰 <u>돗</u> ᄒ니라 (금삼2:12)
(53) 눈므를 비 <u>오돗</u> 흘리시고 (월석8:94)

  위의 예들은 각각 의존명사의 어미화 과정에서 관형형어미가 탈락됨
을 보인 것이다. (44), (46), (48), (50), (52)는 모두 선어말어미
'-오-'와 관형형어미를 가지며 뒤에 의존명사가 온다. 그러나 (45),
(47), (49), (51), (53)에서의 '-디, -딕, -돌, -둔, -돗'은 이미 어

미화하여 더 이상 의존명사로서 기능하지 않으며 관형형어미를 취하지 않는다. 즉 중세국어에서 이미 '드' 계열의 의존명사는 어미화하였으며 이 과정에서 관형형어미가 탈락하였음을 보여준다. 그러므로 '-온 딕'에서도 '-ㄴ'이 탈락하여 '-오딕'가 되었을 가능성은 있는 것이다. 다만 '-오딕'에서는, 다른 의존명사의 어미화 과정과는 다르게, 선어말 어미 '-오-'가 그대로 유지된 것이라고 볼 수 있다.

'-오딕' 외에 의존명사 '딕'가 어미화한 예로서는 중세국어에서 '-온딕', '-란딕' 등을 찾아볼 수 있다.

(54) 내 佛子돌홀 본딕 다 恭敬ᄒ논 ᄆᅀᆞᄆᆞ로 부텨끠 오니 (석상13:60)
(55) 엇뎨어뇨 ᄒ란딕 如來ᄂᆞᆫ… 다 ᄀ죠쎠니라 (석상13:39)

위의 (54)의 '-온딕'은 접속문구성의 '-오딕'와, (55)의 '-란딕'는 인용문구성의 '-오딕'와 그 통사 구성에서 어떤 차이가 나지 않는다. 또한 '딕' 앞의 관형형어미로는 자료에서 '-ㄹ'이 발견되지 않고 '-ㄴ'만이 발견된다. 그러므로 '딕' 앞의 관형형어미로는 '-ㄹ'보다는 '-ㄴ'이었을 가능성이 크다고 말할 수 있다.

이상으로 선어말 어미 '-오-'의 분포가 동명사형어미 '-ㅁ, -ㄴ, -ㄹ' 앞이라는 기준과, 의존명사가 어미화하는 과정에서 관형형어미가 탈락한다는 형태론적 접근을 통하여 '-온 딕'에서 '-ㄴ'이 탈락하여 '-오 딕'가 형성되었을 가능성을 논하였다. '-오딕' 구문에 대한 이러한 형태론적 접근은 다음의 통사론적 접근과 병행하여 '오딕' 구문의 명사성에 대한 설명력을 제공한다고 볼 수 있다.

2) 통사론적 접근

위의 예에서 보인 '드' 계열이 구성하는 의존명사구문은 그 통사 구성이 다음과 같은 명사구내포문을 이루고 있음을 알 수 있다.

(44′) 〔〔覺이 거스논〕S 디〕NP 아니며
(46′) 〔〔法이 심기샨〕S 티〕NP 이쇼몰 證홀 쓰로미라
(48′) 〔〔一切 諸佛이 이 經브터 나샨〕S 돌〕NP 알리니
(50′) 〔〔서르 보논〕S 돈〕NP 恭敬ᄒᆞ야
(52′) 〔〔衆生이...眞珠 헤튠〕S 돗〕NP ᄒᆞ니라

위의 구성은 각각 '覺이 거슬다', '法이 심기다', '諸佛이 나시다', '서르 보다', '衆生이 헤티다' 등의 문(S)이 의존명사 앞에 안기면서 관형화구성의 명사구내포문(NP)을 이루고 있으며, 통사적 절차로는 선어말어미 '-오-'와 관형형어미를 필요로 한다. 중세국어에서 이러한 명사구내포문구성에서 '-오-'는 필수적이며 '-오티' 구문의 명사적 기능은 이러한 '-오-'의 기능과 무관하지 않다고 볼 수 있는 것이다. 즉, 의존명사가 어미화하면서 관형화구성의 명사구내포문을 구성하지 않게 되는데 이러한 과정에서 명사구내포문표지인 '-오-'와 관형화구성의 통합소인 관형형어미가 사라진다. 그러나 '-오티'에서는 관형형어미만 탈락하고 '-오-'는 유지함으로써 명사적 기능이 다른 구문보다 좀 더 강하게 남아 있는 것이라고 설명할 수 있는 것이다.

그러나 중세국어에서 모든 '-오티' 구문이 이러한 명사성을 갖는 것은 아니며 변천 과정에서 일부에만 위축되어 남아 있다고 보아야 할 것이다. 그리하여 중세국어에서 '-오티' 구문은 접속문구성이 주류를 이루면서도 명사구내포문을 이루는 구문을 찾아볼 수 있었던 것이다. 이러한 언어 사실은 공시적 관점에서는 설명할 수 없는 구문의 특수성으로 보여지지만, 언어 변화라는 통시적 관점에서는 의존명사의 어미화와 더불어 명사구내포문이 접속문화하고 있다는 국어 통사 변화의 한 단면을 고찰하게 하는 것이다.

중세국어에서 접속어미로 기술되는 '-거든', '-거늘'이 통사 구성상 명사적 기능을 하고 있는 예가 허웅(1975:549, 553), 고영근(1987:325)에서 소개된 바가 있다.

(56) 네 내이 … 罪苦 衆生을 度脫ᄒ거든 보ᄂ니 (월석21:34)
(57) 羅卜이 새들히 ᄒᆰ 므러 오거늘 보고 (월석23:76)

이러한 구문은 다음과 같이 명사구내포문을 구성하는 통사적 구성으로 분석될 수 있다.

(56′) 네 [[내이 … 罪苦 衆生을 度脫ᄒ거든]S]NP 보ᄂ니
(57′) 羅卜이 [[새둘히 ᄒᆰ 므러 오거늘]S]NP 보고

위의 예는 '내이… 度脫ᄒ다', '새둘히 …오다'라는 문(S)이 '네 …보다', '羅卜이 …보다'라는 전체문에 명사구(NP)로 안기어 명사구내포문을 이루는 구문이다. 이러한 구문은 '-거-'와만 결합한다든지, '보다' 같은 특수한 용언하고만 통합하는 등 매우 위축된 분포를 보이고 있다.

이러한 '-거든', '-거늘'의 명사적 기능은 다음과 같은 통시적 고찰에서도 확인된다.

(58) ┌ 如來 샹녜 이셔 滅티 아니커든 보ᄂ니 (월석21:34)
     └ 如來 샹녜 이셔 滅티 아니호몰 보면 (법5:146)

(59) ┌ 놀라 것ᄆᆞᆯ 죽거놀 보고 (월석13:18)
     └ 놀라 주구믈 보고 (법2:203)

또한 이러한 명사적 기능의 '-거늘'이 '-오ᄃᆡ' 구문과 대응한다는 것은 특기할 사항이다.

(60) ┌ 方等敎ㅣ 큰 法을 기리거시ᄂᆞᆯ 듣잡고 비웃디 아니ᄒ며
     └ 져근 法을 것거서늘 疑心 아니ᄒ니   (월석13:26)

     ┌ 方等敎 … 큰 法을 기리샤ᄃᆡ 비웃디 아니ᄒ며
     └ 져근 法을 것그샤ᄃᆡ 疑心 아니호미   (법2:215)

우리는 이러한 구성에 형태론적 접근과 통사론적 접근, 그리고 통시적인 변천 과정을 고려하여 접근함으로써 이들의 명사성을 인정할 수 있다. 즉, '-든'은 의존명사 '돈'의 어미화한 형태로, '-늘'은 동명사형어미 '-ㄴ'과 목적격 조사 '올'로 재분석될 수 있기 때문이다. 이미 화석화하여 형태론적 구성을 보이고 있는 어미 형태에서 그 이전 단계의 통사론적 구성을 재구성할 수 있으며, 또한 어미화한 형태소가 본래 가지고 있었던 문법적 기능이 변천 과정에서 위축되어 남아 있을 수 있는 것이다. 위의 '-거든', '-거늘'의 예도 어미화한 형태소의 잔재적 기능인 명사적 기능이 그 형태소의 변화하기 전의 통사적 기능을 말해주는 것으로 볼 수 있으며, '-오디'가 그 명사적 기능을 차츰 잃어 어미화하고 있으면서도 명사적 구성을 하고 있는 예를 찾아볼 수 있었던 것과 같이 설명될 수 있다.

한 언어에서 새로운 문법요소가 생겨나서 그 언어의 문법체계를 구성하게 되는 현상을 문법화라고 한다면, 위의 '-거든', '-거늘', '-오디' 등이 보이는 문법 변화는 이러한 현상으로 동일하게 설명될 수 있다. 국어의 많은 조사와 어미가 이러한 문법화 과정을 통하여 형성되었음은 우리가 잘 알고 있는 바이며, 국어 접속어미 중 많은 수가 이러한 문법변화를 겪어 형성되었다.

즉, 명사성을 갖는 동명사형 어미 '-ㅁ', '-ㄴ', '-ㄹ'과 다른 요소가 형태·통사론적으로 결합·통합하여 접속어미가 형성되는 예가 많은데, 이는 국어 통사 구조에서 명사구내포문이 접속문화하는 통사 변화를 가져 오는 결과가 된다. 이러한 변화는 결국 국어 통사구조에서 명사적 구성의 약화를 가져오게 된다고 말할 수 있다.

우리가 지금까지 고찰한 '-오디' 구문도 동명사형어미 '-ㄴ'과 의존명사가 통합한 통사론적 구성에서, '-ㄴ'과 '디'가 긴밀하게 결합하는 형태론적 구성으로 변천하면서 명사구내포문을 이루던 구성이 접속문구성을 이루게 된 것이다. 이러한 까닭으로 중세국어 통사구조에서 '-오디'의 접속문구성과 함께 명사구내포문구성도 발견할 수 있었던 것이다. 이러한 변화는 국어 통사구조에 있어서 대단히 큰 변화이며 국어 통사변화의 한 유형을 이루게 된다고 할 수 있다.

지금까지 우리는 중세국어 통사구조에서 보이는 '-오디' 구문의 특수성을 국어 통사변화의 측면에서 고찰해 보았다. 공시적 자료에 나타나는 구문의 특수성 내지는 불규칙성을 구문의 변화라는 통시적인 관점에서 설명해 보았으며, 공시적 자료의 분석과 통시적 자료의 비교를 통하여 기술의 문제만이 아닌 설명의 문제를 생각해 보았다. 내포문이 접속문화하면서 통합소인 관형형어미가 탈락하는 현상과, 중세국어에서 접속어미로 기술되는 형태가 통사구성상 명사적 기능을 하고 있는 다른 구문들과 '-오디' 구문의 변천을 동일한 원리로 설명해 보았으며, 또한 '-오디' 구문의 연구에 있어서는 이러한 통사론적 접근만이 아닌 형태론적 접근도 철저히 이루어져야 함을 강조하였다. 즉, '-오디'를 구성하고 있는 '-오-'와 '-디'에 대한 철저한 규명이 필요하며 특히 '-오-'가 '오디' 구문의 문법적 기능에서 잔재적으로 기능할 수 있음을 논하였다.

이상으로 우리는 '-오-'의 소멸과정을 통한 통사구조의 변화를 살펴 보았다. 한 형태소가 소멸하면 그 형태소가 가지고 있던 통사적 기능이 다른 형태소로 옮겨진다고 볼 수 있기 때문에 '-오-'의 소멸 이후 일어나는 통사적 구조의 변화는 '-오-'의 기능 규명에 중요한 의미를 갖는다고 볼 수 있는 것이다.

이 곳에서는 '-오-'의 소멸을 기능의 변화라는 관점에서 살펴 보았다. 15세기국어에서만 보더라도 그 사용이 매우 빈번했던 형태소 '-오-'의 기능을 명사구내포문(NP)을 구성하는 선어말어미로 규정하고 '-오-'의 소멸과정을 명사적 기능의 약화라는 관점에서 살펴 보았는데, 명사적 기능의 약화는 NP 〉 ADVP 혹은 N1 〉 N2 〉 N3의 과정을 통하여 진행되며 '-오-'의 소멸과 함께 통사구조에 NP구성의 약화를 가져와 국어의 명사구내포문 구성이 접속문 구성으로 변하고 있음을 볼 수 있었다.

또한 '-오-'의 소멸을 기능의 관점에서 살펴 볼 때 생각해 볼 수 있었던 것은 동일한 기능을 가지고 공존했던 '것', '-기'가 '-오-'의 소멸에 중요한 몫을 담당하였다는 점이다. '-오-'를 선접하지 않는 '것', '-기'의 활발한 사용은 동일한 기능의 '-오-'의 위축을 가져온 원인으로 작용할 수 있으며 실제로 '-오-'를 선접한 형이 '것', '-기'로 교체된 예를 많이 발견할 수 있었다. 이렇듯 동일한 기능을 나타내는 다른 형식에 의해, 그리고 NP 〉 ADVP의 통사상의 기능의 변화에 의하여 '-오-'의 소멸은 가속화되었다고 볼 수 있는 것이다.

제5장 맺 음 말

본 연구는 15세기 이후의 자료를 통하여 중세국어의 명사구내포문에서의 '-오-'의 기능과 소멸 과정, 이의 소멸로 인한 국어 통사구조의 변화를 살펴 본 것이다. '-기'가 명사구내포문을 구성하는 기능으로 활발하게 사용되기 전에는 국어의 명사구내포문은 동명사형어미 '-ㅁ', '-ㄴ', '-ㄹ'과 선어말어미 '-오-'에 의하여 이루어졌다. 이러한 구성에서 필수적으로 나타나는 '-오-'의 기능을 확인하고, '-오-'의 기능을 중심으로 이의 소멸 과정을 통사구조의 변화와 함께 고찰해 본 것이다.

제 2장에서는 지금까지 이루어진 '-오-' 연구에서 공통적으로 문제되는 점들을 중심으로 살펴 보았다. '-오-'의 형태소적 분포의 기준이 '-ㅁ', '-ㄴ', '-ㄹ'의 동명사형어미 앞이라는 것을 제시하고 이러한 기준을 근거로 동일형태소의 범위를 설정하였다. 또한 '-오-'는 통사적 기능을 뚜렷이 갖는 선어말어미로서 이의 기능 규명을 위하여는 명사, 관형사형의 전성어미에서의 '-오-'와 종결, 연결어미에서의 '-오-'에 대하여 이원적 접근이 가능하지만 결국은 이들이 동일형태소라는 원칙 아래 이들의 기능이 동일하게 설명될 수 있어야 '-오-'의 기능에 대한 연구가 완전해질 수 있음을 논하였다.

제 3장에서는 명사화, 관형화구성에 필수적으로 나타나는 '-오-'의 기능을 명사구내포문을 구성하는 내포선어말어미로 규정하였다. 15세기 자료에서는 '-오-'의 출현이 규칙성을 유지하고 있다고 보여지므로 '-오-'의 기능 규명은 15세기 자료를 중심으로 행하여졌으며, 내포문을 구성한다는 기능 규명은 중세국어의 절구성과 구구성의 비교를 통하여 이루어졌고 명사구를 구성한다는 기능은 중세국어의 의존명사구문의 분석을

통하여 이루어졌다. '-오-'의 통사적 기능과 관련하여 의존명사구문에서의 '-오-' 출현의 불규칙성에 대하여 설명을 시도하였으며, 또한 명사성이 약한 의존명사구문에서의 '-오-' 출현의 불규칙성을 공시태 속에 존재하는 통시적인 변화로 보아 '-오-'의 소멸동기를 명사성의 약화로 설명하였다.

제 4장에서는 '-오-'의 소멸이 16세기 이후에 어떻게 확산되어 가는 지를 살펴 보았다. '-오-'는 15세기에 부사성·서술성의존명사 앞에서 나타나지 않았으며 시간, 장소, 이유 등의 부사절을 구성하는 자립명사 앞에서도 불규칙하게 나타난다. 16세기 이후에는 보편성의존명사와 자립명사 앞에서까지 '-오-'의 소멸이 확산되어 관형화구성에서의 '-오-'의 소멸이 완성된다. 명사화구성에서의 '-오-'의 소멸은 이에 비하여 늦게 이루어지며 '-오-'를 선접한 형과 선접하지 않은 형의 공존이 오랫동안 계속된다. '-오-'의 소멸이 명사성이 약한 구성에서 시작하여 명사성이 강한 구성으로, 명사성의 정도에 따라 진행되는 것을 확인할 수 있었는데 '-오-'의 소멸 과정에서 보여 주는 이러한 질서는 '-오-'의 소멸 동기와 관련하여 설명할 수 있었다. 즉, 명사성의 약화라는 통사적 기능의 변화가 '-오-'의 소멸에 '왜'와 '어떻게'에 대한 설명을 제공하고 있다고 볼 수 있는 것이다.

4.4에서는 '-오-'의 소멸과 국어 통사구조의 변화에 대하여 살펴 보았다. 한 형태소가 소멸하면 그 형태소가 가졌던 통사적 기능은 동일한 통사구성에서의 다른 형태소에 넘겨진다고 볼 수 있으므로, '-오-'의 소멸 이후 국어의 통사구조에 대한 면밀한 고찰은 '-오-'의 기능 규명을 위해서도 필요한 작업이라고 생각한다. '-오-'의 소멸 이후 명사구내포문을 구성하던 구문들이 접속문화하는 통사구조의 변화를 볼 수 있었다. 이러한 변화는 명사화구성과 관형화구성에서 모두 살펴 볼 수 있었는데 관형형어미 '-ㄴ', '-ㄹ'과 뒤의 의존명사, 혹은 명사형어미 '-ㅁ'과 뒤의 조사가 긴밀한 관계를 이루어 이들이 접속어미화하는 과정에서 이루어졌다. 이는 내포문을 이루던 통사론적 구성이 어미화하여 형태론적 구성으로 화석화하는 현상을 보여 주며 이러한 과정에

서 '-오-'는 소멸하고 있었다. 내포문이 접속문화하는 통사구조의 변화는 명사구 〉부사구의 변화이며 명사성의 약화가 변화의 원인으로 작용하고 있음을 알 수 있다. 또한 '-오-'의 선접과 함께 빈번하게 나타났던 명사화구성이 '-오-'의 소멸 이후 위축된 분포를 보인 것을 확인할 수 있었다.

이렇듯 명사성의 약화는 '-오-'의 소멸을 가져와 통사변화를 일으키는 끊임없는 원인이 되고 있음을 알 수 있었으며, '-오-'의 통사적 특성을 명사성이라는 것으로 검토해 볼 수 있게 하였다. 이러한 검토는 통사론적인 측면에서뿐만 아니라 형태론적인 측면에서도 뒷받침될 수 있는데 선어말어미 '-오-'는 명사성을 가진 동명사형어미 '-ㅁ', '-ㄴ', '-ㄹ'에만 선접되는 특성을 갖기 때문이다. '-오-'의 이러한 형태소적 분포환경과 명사구내포문을 구성한다는 통사론적 기능은 명사성과 관련을 가지며, '-오-'의 소멸 또한 명사성과 관련되어 진행되고 있었음을 살펴 볼 수 있었다.

'-오-'의 소멸을 가속화하는 요인을 다른 곳에서도 찾아 볼 수 있었는데 이는 16세기 이후의 '-기', '것'의 발달이다. '-오-'에 의한 구성의 상당부분이 명사화구성에서는 '-기'에, 관형화구성에서는 '것'에 의해 대체된다. 여기서 '-기', '것'의 발달은 '-오-'의 소멸로 인한 결과적인 것으로만 볼 수 없으며 '-오-'의 소멸에 한 원인을 제공하는 것이라고 볼 수 있었다. 즉, 명사구내포문을 구성하던 공존하는 두 언어형식 중에서 '-기', '것'은 '-오-'에 의한 구성을 교체하였다고 볼 수 있는 것이다.

본 연구에서는 '-오-'에 대한 기능 규명에 있어서 의미·화용론적인 접근은 하지 않았으며 연결, 종결어미에서의 '-오-'의 기능에 대하여도 다루지 못하였다. '-오-' 형태소의 전체적인 기능규명을 위하여는 통사론적 논의를 거친 후에 의미·화용론적인 접근이 또한 필요하며 '-오-'의 통사적 기능과 의미·화용론적인 기능이 유기적인 관련성을 가지고 규명되어야 할 것이다. '-오-'를 내포문을 구성하는 내포선어말어미로서의 통사적 기능을 갖는 형태소로 규정한다면, '-오-'가 갖는 의미·화용론적 기능으로는 내포문이 수반하는 강세, 휴지와 함께 강조의 기능을 추출할 수 있을 것이다.98) 연결, 종결어미의 '-오-'의 기능에 대하여는 이러한 의미·화용론적인 접근이 가능해 보이며, 또한 동일형태소의 동일 기능이라는 원칙 아래 강조의 기능을 함께 줄 수 있는 가능성도 보인다.

본 연구는 아직도 여러가지 면에서 뚜렷한 규명을 내리지 못하고 있는, 소멸된 형태소 '-오-'를 국어 통사변화의 측면에서 그 통사적 기능을 중심으로 고찰해 본 것이다. 미진한 점은 앞으로의 연구로 미루며 이러한 시도를 계기로 국어사 연구에서 통사변화에 대한 활발한 연구를 기대해 본다.

---

98) 내포문이 갖는 強勢와 休止에 대하여는 서태룡(1979), Schatter(1973), Taklzala(1973) 참조.

참고 문헌

姜吉云(1972), "限定法(挿入母音 오/우)에 對하여", 「德成女論集」 1.

강인선(1977), "15세기 국어의 인용구조 연구", 서울大學校 언어학과 석사학위논문.

高永根(1970), "現代國語의 準自立形式에 對한 研究 -形式名詞를 中心으로 -", 「語學研究」 6-1.

_____(1975), "現代國語의 語末語尾에 대한 構造的 研究 -非終結語尾의 것을 中心으로-", 「應用言語學」 7-1, 서울大學校 어학연구소.

_____(1978), "形態素의 分析限界", 「언어학」 3.

_____(1980), "中世語의 語尾活用에 나타나는 '거/어'의 交替에 對하여" 「國語學」 9.

_____(1981), 「中世國語의 時相과 敍法」, 塔出版社.

_____(1982ㄱ), "中世國語의 形式名詞에 對하여", 「語學研究」 18-1.

_____(1982ㄴ), "語尾와 冠形詞形語尾의 關聯性에 관한 研究", 「冠嶽語文研究」 7.

_____(1987), 「표준 중세국어문법론」, 塔出版社.

_____(1989), 「國語形態論研究」, 서울大學校 出版部.

高永根 外(1979), "國語學研究의 方向定立을 위한 基礎的 研究", 「冠嶽語文研究」 4.

권재일(1977), "현대국어의 동사구내포문 연구", 서울大學校 언어학과 석사학위논문.

_____(1985), 「국어의 복합문 구성 연구」, 집문당.

_____(1986), "형태론적 구성으로 인식되는 복합문 구성에 대하여", 「國語學」 15.

_____(1987), "의존구문의 역사성", 「말」 12집, 延世大學校 한국어학당.

金武峯(1987), "中世國語의 動名詞研究 - -ㄴ,-ㄹ形을 中心으로-" 東國大學校 석사학위논문.

金文雄(1975), "國語의 虛辭形成에 關한 研究", 慶北大學校 석사학위논문.

金芳漢(1988), 「歷史 - 比較言語學」, 대우학술총서 인문과학 31, 民音社

金昇坤(1974), "「오/우」 형태소考 -老乞大와 朴通事를 中心으로-", 「국어국문학」 65,66.

金完鎭(1957), "- n, -l 動名詞의 統辭的 機能과 發達에 對하여", 「國語研究」 2.

김주원(1984), "통사적 변화의 한 양상", 「언어학」 제7호.

金亨奎(1961), "「-(오/우)-」 挿入母音攷", 「朝鮮學報」 21-22.

_____(1962), 「國語史研究」, 一潮閣.

金炯基(1972), "우리 옛말에 있었던 敍述語尾의 人稱關係에 대하여", 「語文論志」 忠南大學校.

金興洙(1975), "中世國語의 名詞化 研究", 「國語研究」 34.

남기심(1985), "접속어미와 부사형어미", 「말」 10.

_____(1986), 「국어완형보문법연구」, 塔出版社.

남기심·고영근(1983), 「국어의 통사·의미론」, 塔出版社.

_____(1985), 「표준 국어문법론」, 塔出版社.

박병수(1974), "韓國語 名詞補文構造의 分析 -不完全名詞를 중심으로-", 「文法研究」 1, 광문사.

朴亨達(1968), "15세기 국어의 冠形形에 나타나는 交替音韻(ㅗ/ㅜ)의 機能에 관하여", 「語學研究」 4-2.

徐禎穆(1978), "體言의 統辭特徵과 15世紀 國語의 -ㅅ,- 이/의", 「國語學」 7.

_____(1982), "15世紀 國語 動名詞 內包文의 主語의 格에 대하여" 「震檀學報」 54,55.

徐正洙(1968), "국어의 기본부문과 명사구절의 생성 문법적 분석", 「語學研究」 4-2.

_____(1969), "국어 의존명사의 변형문법적 분석", 「국어국문학」 42,43.

徐鐘學(1983), "15世紀 國語의 後置詞 研究 -體言·用言·副詞 派生의 後置詞를 中心으로-", 「國語研究」 53.

徐泰龍(1979), "內包와 接續", 「國語學」 8.

_____(1981), "文法形態素 중심의 統辭論 硏究에 대하여", 「韓國學報」 25.

_____(1987), 「國語 活用語尾의 形態와 意味」, 서울大學校 박사학위논문.

成光秀(1976), "不完全名詞 + {하(다), 이(다)}」에 대한 生成論的 分析", 「語文論集」 17, 高麗大學校.

孫周一(1980), "15世紀國語의 先語末語尾 「-오/우-」에 대한 統辭論的 硏究", 西江大學校 석사학위논문.

_____(1986), "15世紀國語 {오/우} 再考", 「한국언어문학」 24, 江原大學.

申碩煥(1978), "{두}系 分化語 硏究 -15-17世紀의 文獻語를 中心으로-", 啓明大學校 석사학위논문.

_____(1986), 「鄕歌 文法形態素의 分析的 硏究 -先語末接辭와 語末接辭를 中心으로-」, 啓明大學校 博士學位論文.

申宣京(1986), "引用文의 構造와 類型分類", 「國語硏究」 73.

沈在箕(1979), "冠形化의 意味機能", 「語學硏究」 15-2.

_____(1980), "名詞化의 意味機能", 「언어」 5-1.

安秉禧(1963), "「즈가」語攷", 「國語國文學」 26.

_____(1967ㄱ), "韓國語發達史", 「韓國文化史大系ⅴ」, 高大民族文化硏究所.

_____(1967ㄴ), "中世國語의 修飾語에 對하여", 「국어국문학」 34,5合倂號.

_____(1973), "中世國語 硏究資料의 性格에 대한 硏究", 「語學硏究」 9-1.

_____(1979), "中世國語의 한글資料에 대한 綜合的인 考察", 「奎章閣」 3.

안효팔(1983), "虛辭化의 硏究 -後期 中世國語를 中心으로-", 慶南大學校 석사학위논문.

梁績錫(1972), "한국어의 접속화", 「語學硏究」 8-2.

梁柱東(1942), 「古歌硏究」, 博文出版社 增補版(1975), 一潮閣.

嚴正浩(1982), "現代國語 名詞化文의 統辭論", 韓國精神文化硏究院, 한국학대학원.

왕문용(1988), 「근대 국어의 의존명사 연구」, 한샘.

劉昌惇(1973ㄱ), 「李朝國語史硏究」, 宣明文化社.

_____(1973ㄴ), 「語彙史硏究」, 宣明文化社.

_____(1974), 「李朝語 辭典」 延世大學校 出版部.

유현경(1986), "접속문의 통사적 특질연구", 연세대학교 석사학위논문.

李珖鎬(1976), "中世國語屬格語尾의 一考察 -主語的·目的語的 屬格을 中心으로-", 「국어국문학」 70.

_____(1983), "후기 중세국어의 종결어미 {-다/-라}의 의미", 「國語學」 12.

李基文(1972), 「國語史槪說」 改訂版, 塔出版社.

李男德(1970), 「15世紀 國語의 敍法研究」, 梨花女子大學校 박사학위논문.

_____(1971), "15世紀國語의 情動法研究", 「어문학계」 6.

이남순(1987), "명사화소 '-ㅁ'과 '-기'의 교체", 홍익어문 7.

李炳銑(1971), "副詞形語尾考", 「金亨奎博士 回甲紀念論文集」.

李相一(1960), "十五世紀 國語의 活用語尾 研究 -「ᄒᆞ다(爲)」를 中心으로 하여-", 「國語研究」 9.

李聖揆(1987), "15世紀 國語의 依存名詞연구", 檀國大學校 석사학위논문.

李崇寧(1959), "語幹形成과 活用語尾에서의 「-(오/우)-」의 介在에 대하여" 「論文集」 8, 서울大學校.

_____(1960), "Volitve form으로서의 Prefinal ending '-(o/u)-'의 介在에 대하여", 「震檀學報」 21.

_____(1961), 「中世國語 文法」, 乙酉文化社.

_____(1964ㄱ), "中世國語 Mood論", 「語文學」 11.

_____(1964ㄴ), "「-(오/우)-」論攷", 「국어국문학」 27.

_____(1975), "中世國語의 「것」의 研究", 「震檀學報」 39.

_____(1976), "15世紀 國語의 冠形詞形 /-논/系 語尾에 對하여", 「震檀學報」 41.

李承旭(1973), 「國語文法體系의 史的 研究」, 一潮閣.

_____(1977), "文法史의 몇 問題", 「國語學」 5.

이익섭·임홍빈(1984), 「國語文法論」 學研社.

李仁模(1975), 「中世國語의 敍法과 時制의 研究」, 高麗大學校 박사학위논문.

_____(1976), 「古典國語의 研究」, 宣明文化社.

李廷玟(1975), "국어의 補文化에 대하여", 「語學研究」 11-2.

李鐘殷(1968), "15世紀 國語의 主觀的 確認判斷의 敍法에 대하여", 慶熙大學校 석사학위논문.

李鐘徹(1968), "原始國語의 Condensed form에 對하여", 「李崇寧博士 頌壽紀念論叢」 乙酉文化社.

李周行(1988), 「韓國語 依存名詞의 通時的 研究」, 한샘.

李弼永(1981), "國語의 關係 冠形節에 대한 研究", 「國語研究」 48.

李鉉奎(1975), "名詞形語尾 「-(으)ㅁ,-기」의 史的 考察", 한국사회사업 대학 논문집 5호.

李賢熙(1986), "中世國語 內的 話法의 性格", 「한신논문집」 3.

_____(1988), "「小學」의 諺解에 대한 比較研究 -形態·統辭的 측면을 중심으로-", 「한신논문집」 5.

_____(1989), "국어 문법사 연구 30년(1959-1989)", 「國語學」 19.

이호권(1987), "법화경의 언해에 대한 비교연구", 「國語研究」 78.

이홍배(1975ㄱ), "국어의 변형 생성문법(Ⅱ)", 「문법연구」 2.

_____(1975ㄴ), "국어의 關係節化에 대하여", 「語學研究」 11-2.

이홍식(1990), "현대국어 관형절 연구", 「國語研究」 98.

任洪彬(1974), "名詞化의 意味特性에 대하여", 「國語學」 2.

_____(1981), "先語末 {-오/우-}와 確實性", 「韓國學論叢」 3, 國民大한 국학연구소.

_____(1982ㄱ), "動名詞 構成의 解釋方法에 대하여", 「白影 鄭炳昱先生 還甲紀念論叢」.

_____(1982ㄴ), "記述보다는 說明을 重視하는 形態論의 機能定立을 위 하여" 「韓國學報」 26.

_____(1987), "國語의 名詞句 확장 규칙에 대하여", 「國語學」 16.

鄭在永(1985), "15世紀 國語의 先語末語尾 '-오/우-'에 대한 연구", 한 국외국어대학교 석사학위논문.

鄭鎬完(1987), 「중세 국어 의존명사의 문법 기능」, 忠南大學校 博士學位 論文.

장석진(1966), "Some Remarks on Korean Nominalizations", 「語 學研究」 2-1.

田貞禮(1990ㄱ), "中世國語 名詞句內包文에서의 '-오-'의 機能", 「언어 연구」 1, 서울大學校 언어학과.

_____(1990ㄴ), "중세국어 의존명사구문에 對한 一考察", 「언어학」 12.

_____(1991ㄱ), 「중세국어 명사구내포문에서의 '-오-'의 기능과 변천」, 서울대학교 언어학과 박사학위 논문.

_____(1991ㄴ), "국어 통사변화의 한 양상", 주시경 학보 8.

_____(1992), "주체·대상법으로서의 -오-에 대한 재 고찰", 국어학 22.

_____(1994), "'-오딕' 구문 연구", 「국어교육」 85·86, 한국국어교육연구회.

車賢實(1980), "鄕歌의 '乎,烏,屋'의 統辭的 機能과 意味", 「梨花語文論集」 3.

_____(1981), 「중세국어 응축보문 연구 -「-오/우-」의 동사기능을 중심으로-」, 이화여자대학교 박사학위 논문.

蔡 琬(1979), "名詞化素 '-기'에 대하여", 「國語學」 8.

최남희(1987), "선어말 '-*오/우'의 통어 기능", 동의어문논집(동의대) 3.

崔範勳(1976), 「韓國語學論攷」, 通文館.

최현배(1961), 「우리말본」, 정음문화사.

韓榮均(1984), "濟州方言 動名詞 語尾의 統辭機能", 「國語學」 13.

許 雄(1955), 「龍飛御天歌」, 正音社.

_____(1958), "揷入母音攷", 「論文集」 7, 서울大學校.

_____(1959), "揷入母音再攷", 「한글」 125.

_____(1963ㄱ), "또다시 人稱·對象 活用語尾로서의 {오/우}를 論함", 「語文學」 10.

_____(1963ㄴ), 「中世國語 研究」, 正音社.

_____(1964), "李崇寧 博士의 「中世國語 Mood論」에 대한 批判", 「한글」 133.

_____(1965), "「인칭어미설」에 대한 다섯번째의 논고", 「한글」 135.

_____(1973), "15세기 국어의 주체-대상법 활용", 「한글」 152.

_____(1975), 「우리 옛말본」, 샘문화사.

_____(1983), 「국어학」, 샘문화사.

허원욱(1988), "15세기 우리말 매김마디의 연구", 한글 200.

홍양추(1989), "국어 부사절 내포문 연구", 「한글」 203.

洪允杓(1982), "國語現象을 토대로 하는 文法史 研究를 위하여", 「韓國學報」 28.

大江孝男(1958), "中期朝鮮語動詞のㅡㅜ語幹に就いて", 「朝鮮學報」 12.

小倉進平(1929), "謙讓の助動詞の變遷", 「鄕歌及吏讀の研究」, 京城帝國

大學法文學部紀要 1.

前間恭作(1924),「龍歌故語箋」, 東洋文庫論叢 2, (前間恭作 1974 所收).

_____(1974),「前間恭作著作集」, 京都大學文學部國語國文學研究室.

河野六郎(1979),「河野六郎箸作集 1」, 平凡社.

Bynon, Th.(1977),「Historical Linguistics」, Cambridge: Cambridge University Press.

Chung, S.(1977), "On the Gradual Nature of Syntactic Change", in Li (1977).

Fisiak, J.(ed.)(1984),「Historical Syntax」, Berlin: Mouton de Gruyter.

Givon, T.(1971), "Historical Syntax and Synchronic Morphology: An Archeologist's Field Trip",「CLS」vol. 7. Chicago Linguistic Society.

Guiraud(1961),「La Grammaire」, Presses Universitaires De France, Paris.

Jeffors and Lehiste(1979),「Principles and Methods for Historical Linguistics」, the MIT Press.

Jespersen, O.(1924),「The Philosophy of Grammar」, Allen & Unwin, Ltd.

_____(1933),「Essentials of English Grammar」, George Allen & Unwin, Ltd.

_____(1969),「Analytic Syntax」Holt, Rinehart and Winston,Inc.

Keenan, E.L. & Comrie,B.(1977), "Noun Phrase Accessibility and Universal Grammar",「Linguistic Inquiry」8.

Labov, W.(1963), "The Social Motivation of a Sound Change",「Word」19-3.

_____(1966), "The Social Stratification of English in New York City", Washington D.C.: Center for Applied Linguistics.

Lehmann, W.P. and Malkiel, Y.(ed.)(1968),「Directions for

Historical Linguistics」, Austin: University of Texas Press.

Li. C.N.(ed.)(1976), 「Subject and Topic」, Academic Press.

_____(1977), 「Mechanisms of Syntactic Change」, University of Texas Press.

Palmer (1971), 「Grammar」, Penguin,(2nd edn.1982)

Pilch. H. (1984), "Syntactic Restructuring in the History of English" in Fisiak(1984).

Ramstedt. G. J. (1939), 「A Korean Grammar」, Helsinki, 「G. J. Ramstedt 論文集」 Ⅲ, 太學社.

Rosenbaum, P. S. (1967), 「The Grammar of English Predicate Complement Constructions」, The M.I.T. Press.

Schatter, P. (1973), "Focus and Relativization", 「Language」49.

Stockwell, R. P. (1977), 「Foundations of Syntatic Theory」, Prentice-Hall.

Takizala, A. (1973), "Focus and Relativization", 「Syntax and Semantics」2, Seminar Press, Inc.

Weinreich, U., Labov, W., Herzog, M. I. (1968), "Empirical Foundation for a theory of Language Change", in Lehmann, W.P. and Malkiel, Y.(1968).

ABSTRACT

The Function of '-O-' in the NP-Embedded Sentence of Middle Korean and Its Change

Chun, Jungrye

This is the study in the syntactic change through the process of disappearance of one morpheme. It clarifies the unique syntactic function of the Pre-final Ending '-o-' in the syntactic structure of Middle Korean and researches the change of syntactic structure resulting from the disappearance of '-o-', focussed on the change of syntactic function.

This study suggests that the extent of morphological distribution of '-o-' is in front of the Verbal Ending '-m', '-n', '-l' and the syntactic function of '-o-' is the Pre-final Ending to construct the NP-Embedded Sentence in Middle Korean. The NP-Embedded Sentence in Middle Korean is constructed by the Verbal Ending and so the morphological condition is related to the syntactic condition. This relavance justifies that the Nomi- nalization by '-m' and the Adnominalization by '-n', '-l' can be described together with its same syntactic function to construct NP-Embedded Sentences, and the obligatory appearance of '-o-' in NP-Embedded Sentences by Nominal Construction and Adnominal Construction gives another justification to this. In these bases, this study describes '-om', '-on', '-ol' as a same criterion.

'-O-' shows the nominality as its syntactic function by the

NP-Embedded Sentence Construction in Middle Korean, and the disappearance of '-o-' can be explained by the change of this syntactic function. The research into the syntactic structure, NP 〉 ADVP, changed by the disappearance of '-o-' explains that the motivation and the process of the disappearance of '-o-' is related to the syntactic function of '-o-'. The process of the disappearance is also progressed according to the degree of nominality : '-o-' is getting disappeared from the NP-Embedded Sentence Construction whose nominality is weak to the strong one gradually.

The irregularity of the appearance of '-o-' in the Bound NP-Embedded Sentence in Middle Korean is understood as diachronic fact existing in synchronic state and it explains the actuation and the motivation of the disappearance of '-o-'. The fact that '-o-' is appeared in General Bound Noun and not in Adverbial · Predicative Bound Noun clarifies that the syntactic function of '-o-' is to construct the Noun Phrase and the disappearance of '-o-' is caused by the weakened nominality simultaneously.

This study is the research into the Pre-final Ending '-o', still remains many arguments, about the morphological distribution, syntactic function in sentence construction, the process of disappearance, and the relations between them. Especially it tries to explain the Korean syntactic change focussed on the change of syntactic function.

Keywords : NP-Embedded Sentence, Nominalization, Adnominalization, Noun Phrase, Adverb Phrase, Syntactic Change

찾아 보기

箸者 略歷

- 서울대학교 사범대학 국어교육과 졸업 (1973)
  학위논문 : 한국 현대시에 나타난 감각어 연구
- 미국 Georgetown 대학교 대학원 언어학과 석사과정 졸업(1985)
  학위논문 : 한국어 감각동사의 격분석 (Case Analysis for the
          Korean Sense Verb)
- 서울대학교 인문대학원 언어학과 박사과정 졸업 (1991)
  학위논문 : 중세국어 명사구내포문에서의 '-오-'의 기능과 변천

- 현재 건국대학교 국어국문학과교수 (1991 -   )

새로운 '-오-' 연구

1995년 9월 20일   인쇄
1995년 9월 25일   발행

지은이   전정례
펴낸이   김진수
펴낸곳   **한국문화사**

133-123   서울시 성동구 성수1가2동 13-156
          Tel (02)464-7708, (02)499-0846
          Fax (02)499-0846
          등록번호 제2-1276호

값 6,000원

ISBN 89-7735-101-4